それ 犯《はん》罪《ざい》かもしれない 図《ず》鑑《かん》

監修 弁護士 小島 洋祐

もくじ

はじめに

人《ひと》には善悪《ぜんあく》をわきまえて正《ただ》しい行動《こうどう》をしよう、つまり道徳《どうとく》を守《まも》ろうという心《こころ》があります。みんなが守《まも》っていれば争《あらそ》いがなくなり、安心《あんしん》で平和《へいわ》な社会《しゃかい》となりますが、守《まも》らない人《ひと》が出《で》てくると、社会《しゃかい》は乱《みだ》れて安全《あんぜん》ではなくなってしまいます。あらかじめ道徳《どうとく》の中《なか》から、「このような道徳《どうとく》の違反《いはん》は罰《ばっ》しますよ」とルールを定《さだ》めたものが法律《ほうりつ》（刑事法《けいじほう》）です。この本《ほん》を通《とお》して、みなさんが法律《ほうりつ》について学《まな》び、安心《あんしん》・安全《あんぜん》な生活《せいかつ》を送《おく》れるよう願《ねが》っています。

弁護士《べんごし》　小島《こじま》　洋祐《ようすけ》

まち編《へん》

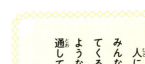

オマケ

六法

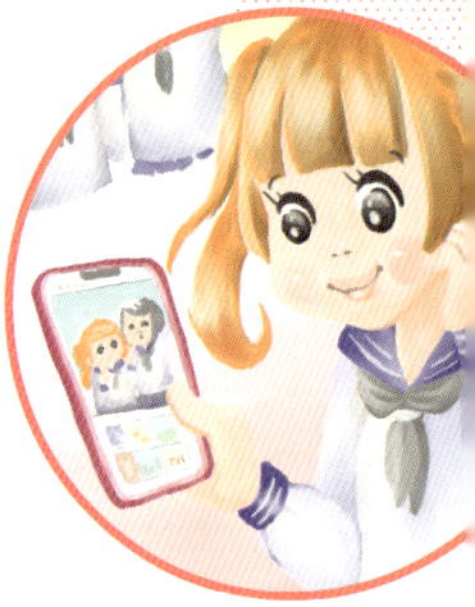

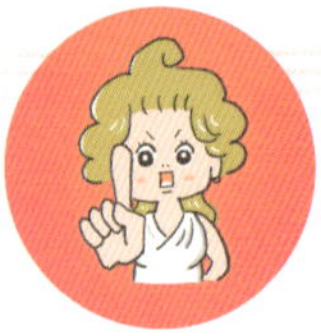

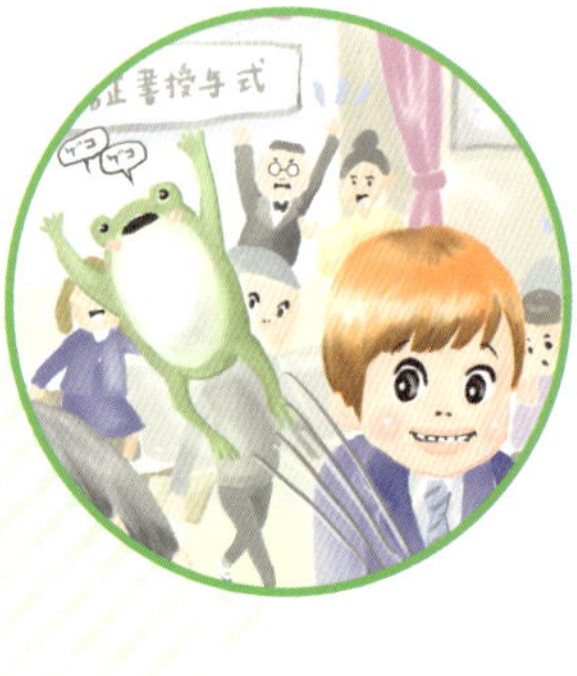

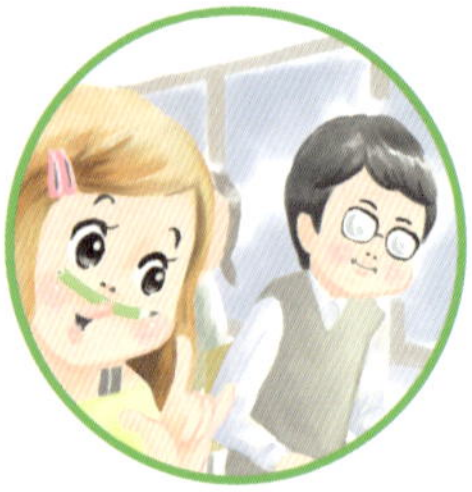

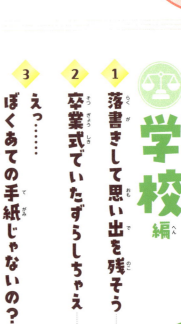

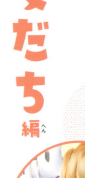

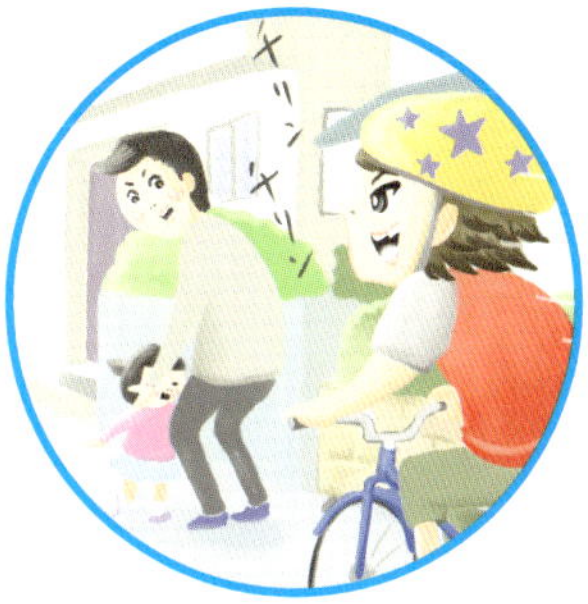

交《こう》通《つう》編《へん》

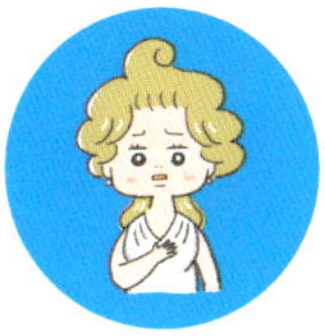

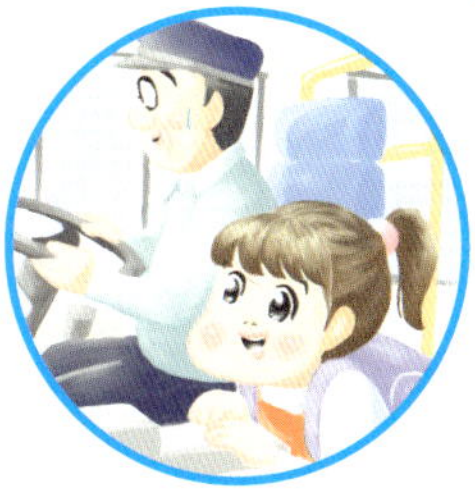

家《いえ》編《へん》

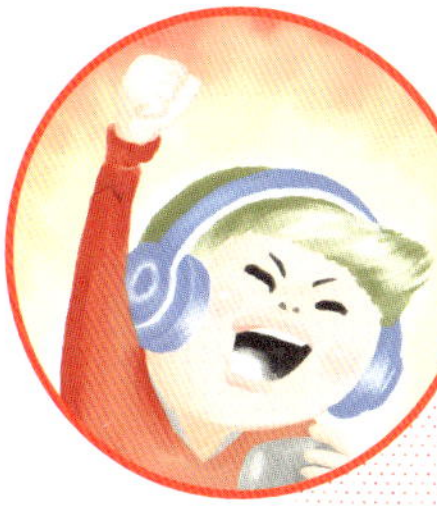

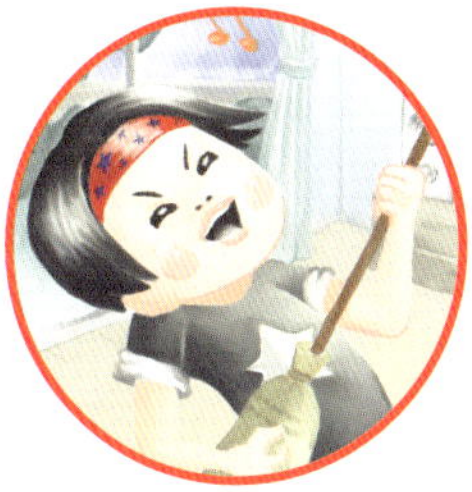

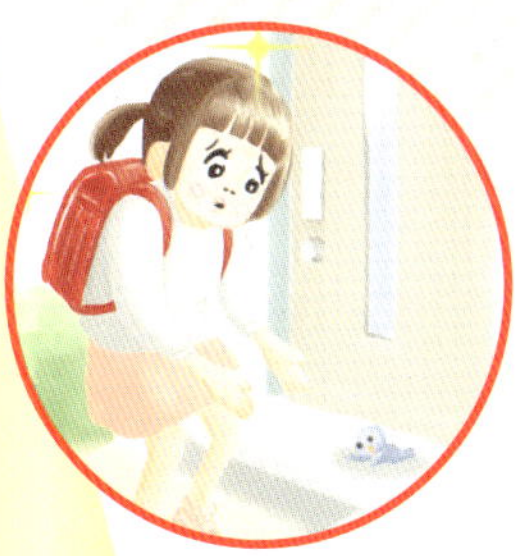

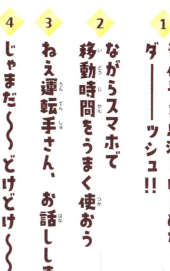

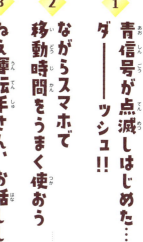

この本《ほん》の使《つか》い方《かた》

どんな行動《こうどう》が犯罪《はんざい》になるかわかります！

犯罪《はんざい》かもしれないようすがわかる見出《みだ》し

犯罪《はんざい》かもしれない行動《こうどう》の場面《ばめん》を再現《さいげん》したイラスト

ページをめくって解説《かいせつ》を見《み》てみましょう。

犯罪《はんざい》になる場合《ばあい》は、どんな法律《ほうりつ》に違反《いはん》するかをズバッと解説《かいせつ》しています。

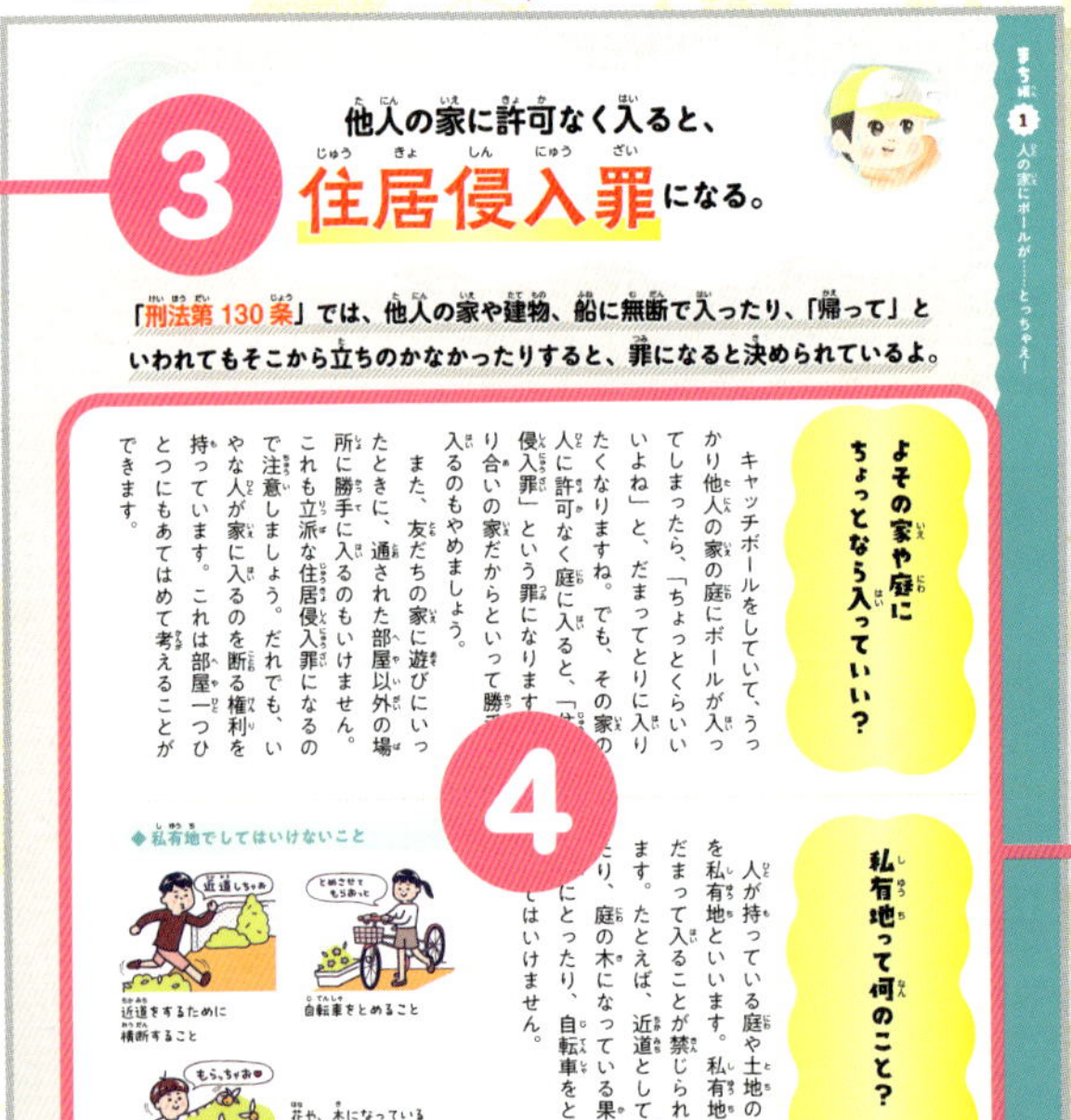

具体的《ぐたいてき》にはどんな場面《ばめん》が犯罪《はんざい》になるか、気《き》をつけたいこと、法律《ほうりつ》にまつわる情報《じょうほう》をまとめています。

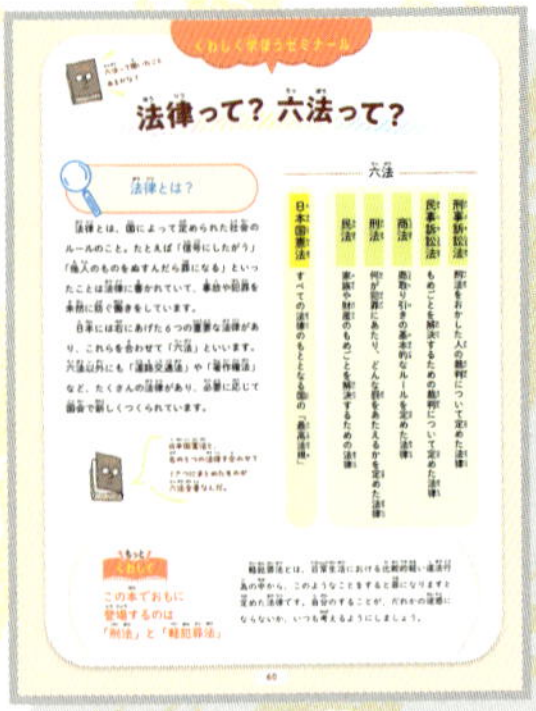

章末《しょうまつ》のコラム「くわしく学《まな》ぼうゼミナール」では、法律《ほうりつ》のこと、交通《こうつう》ルール、条例《じょうれい》などについてまとめています。

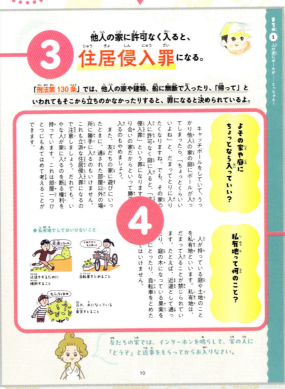

犯《はん》罪《ざい》かもファイル

まち編《へん》

次《つぎ》の A ～ C はそれぞれ
犯罪《はんざい》になる？　ならない？

A

おつりが多《おお》いのに
気《き》づかないふりして受《う》け取《と》る。

B

落《お》とし物《もの》を届《とど》けずに
自分《じぶん》のものにする。

C

中学生《ちゅうがくせい》なのに
子《こ》ども料金《りょうきん》で
電車《でんしゃ》に乗《の》る。

こたえ

A → 20ページ
B → 14ページ
C → 18ページ

犯罪《はんざい》かもファイル
まち編《へん》 1

人《ひと》の家《いえ》にボールが……とっちゃえ！

解説《かいせつ》は次《つぎ》のページ

他人《たにん》の家《いえ》に許可《きょか》なく入《はい》ると、住居侵入罪《じゅうきょしんにゅうざい》になる。

「**刑法第130条**《けいほうだいじょう》」では、他人《たにん》の家《いえ》や建物《たてもの》、船《ふね》に無断《むだん》で入《はい》ったり、「帰《かえ》って」といわれてもそこから立《た》ちのかなかったりすると、罪《つみ》になると決《き》められているよ。

よその家《いえ》や庭《にわ》にちょっとなら入《はい》っていい？

キャッチボールをしていて、うっかり他人《たにん》の家《いえ》の庭《にわ》にボールが入《はい》ってしまったら、「ちょっとくらいいいよね」と、だまってとりに入《はい》りたくなりますね。でも、その家《いえ》の人《ひと》に許可《きょか》なく庭《にわ》に入《はい》ると、「住居《じゅうきょ》侵入罪《しんにゅうざい》」という罪《つみ》になります。知《し》り合《あ》いの家《いえ》だからといって勝手《かって》に入《はい》るのもやめましょう。

また、友《とも》だちの家《いえ》に遊《あそ》びにいったときに、通《とお》された部屋《へや》以外《いがい》の場《ば》所《しょ》に勝手《かって》に入《はい》るのもいけません。これも立派《りっぱ》な住居《じゅうきょ》侵入罪《しんにゅうざい》になるので注意《ちゅうい》しましょう。だれでも、いやな人《ひと》が家《いえ》に入《はい》るのを断《ことわ》る権利《けんり》を持《も》っています。これは部屋《へや》一《ひと》つひとつにもあてはめて考《かんが》えることができます。

◆私有地《しゆうち》でしてはいけないこと

近道《ちかみち》をするために横断《おうだん》すること

自転車《じてんしゃ》をとめること

花《はな》や、木《き》になっている果実《かじつ》をとること

私有地《しゆうち》って何《なん》のこと？

人《ひと》が持《も》っている庭《にわ》や土地《とち》のことを私有地《しゆうち》といいます。私有地《しゆうち》は、だまって入《はい》ることが禁《きん》じられています。たとえば、近道《ちかみち》として通《とお》ったり、庭《にわ》の木《き》になっている果実《かじつ》を勝手《かって》にとったり、自転車《じてんしゃ》をとめたりしてはいけません。

友《とも》だちの家《いえ》では、インターホンを鳴《な》らして、家《いえ》の人《ひと》に「どうぞ」と返事《へんじ》をもらってからお入《はい》りなさい。

犯罪《はんざい》かもファイル
まち編《へん》 2

この空《あ》き家《や》、ひみつ基地《き》《ち》にしよう！

解説《かいせつ》は次《つぎ》のページ

キミが空《あ》き家《や》にひそんだら、潜伏《せんぷく》の罪《つみ》になる。

「軽犯罪法《けいはんざいほう》第《だい》１条《じょう》第《だい》１号《ごう》」では、人《ひと》が住《す》んでおらず、管理《かんり》されていない家《いえ》や建物《たてもの》、船《ふね》の中《なか》に、正当《せいとう》な理由《りゆう》がなくひそんでいると罪《つみ》になるとされているよ。

空《あ》き家《や》にひそむのはいけないの？

人《ひと》が住《す》んでおらず、管理《かんり》する人《ひと》もいないような空《あ》き家《や》は、こっそりしのびこんで冒険《ぼうけん》したくなるかもしれません。でも、空《あ》き家《や》は外《がい》部《ぶ》からの目《め》が行《い》き届《とど》かないため、犯罪者《はんざいしゃ》がかくれたり、人《ひと》が集《あつ》まって悪《わる》いことをしたりする可能性《かのうせい》があります。また、中《なか》で火《ひ》を使《つか》うと火事《かじ》が起《お》きる危険《きけん》もあります。これらを防《ふせ》ぐために、空《あ》き家《や》をはじめ、人《ひと》のいない倉庫《そうこ》や工場《こうじょう》、身《み》をひそめることのできる船《ふね》などに、勝手《かって》に入《はい》って過《す》ごすことが禁《きん》じられているのです。

　たとえカギがかかっていなくても、理由《りゆう》もなく、空《あ》き家《や》などに入《はい》ってかくれたり、遊《あそ》び場《ば》にしたりするのはやめましょう。

こんな場合《ばあい》ならOK《オーケー》

空《あ》き家《や》を利用《りよう》するとき、ちゃんとした理由《りゆう》があれば罪《つみ》に問《と》われません。たとえば、とつぜんの雨《あめ》や雷《かみなり》をさけるために、屋根《やね》のある空《あ》き家《や》に入《はい》って雨宿《あまやど》りをするとか、あやしい人《ひと》に追《お》われてしばらく身《み》をかくす、などの場合《ばあい》です。

◆正当《せいとう》な理由《りゆう》でOK《オーケー》とされる場合《ばあい》

建物《たてもの》の持《も》ち主《ぬし》が承諾《しょうだく》

雨宿《あまやど》りのための一時《いちじ》ひなん

警察官《けいさつかん》が犯人逮捕《はんにんたいほ》のために廃屋《はいおく》に身《み》をひそめる

ひみつ基地《きち》にワクワクする気持《きも》ちはわかるわ。
でも、空《あ》き家《や》に入《はい》り込《こ》むのは罪《つみ》になるのよ！

犯罪《はんざい》かもファイル
まち編《へん》 3

お金《かね》発《はっ》見《けん》！ もらっちゃお〜〜！

解説《かいせつ》は次《つぎ》のページ

落《お》とし物《もの》を届《とど》けずに自分《じぶん》のものにすると、遺《い》失《しつ》物《ぶつ》等《とう》横《おう》領《りょう》罪《ざい》になる。

「刑《けい》法《ほう》第《だい》254条《じょう》」では、落《お》とし物《もの》を拾《ひろ》うなど、他《た》人《にん》の持《も》ち物《もの》をたまたま手《て》にしたとき、自分《じぶん》のものにすると、罪《つみ》になると決《き》められているよ。

落《お》とし物《もの》を拾《ひろ》ったらどうする？

路上《ろじょう》で落《お》とし物《もの》を拾《ひろ》ったら、すぐに近《ちか》くの交番《こうばん》や警察署《けいさつしょ》へ届《とど》けましょう。また、駅《えき》やデパートなどの施設《しせつ》で拾《ひろ》ったときは、駅員《えきいん》や施《し》設《せつ》の人《ひと》にわたしましょう。落《お》とし物《もの》を届《とど》けず、自分《じぶん》のものにしてしまったら、遺《い》失《しつ》物《ぶつ》等《とう》横《おう》領《りょう》罪《ざい》という犯《はん》罪《ざい》になってしまいます。

◆落《お》とし物《もの》を拾《ひろ》ったら

駅《えき》やお店《みせ》などの施設《しせつ》で拾《ひろ》ったら
○○駅
スーパー
施設管理者《しせつかんりしゃ》に提出《ていしゅつ》
拾得者《しゅうとくしゃ》の権利《けんり》が失《うしな》われないために
24時間以内《じかんいない》に提出《ていしゅつ》
路上《ろじょう》で拾《ひろ》ったら
交番《こうばん》・警察署《けいさつしょ》に提出《ていしゅつ》
7日以内《なのかいない》に提出《ていしゅつ》

落《お》とし物《もの》を届《とど》けたら？

交番《こうばん》や施設《しせつ》などに落《お》とし物《もの》を届《とど》けると、拾《ひろ》った人《ひと》に拾得物件預《しゅうとくぶっけんあずか》り書《しょ》がわたされます。

落《お》とし主《ぬし》がすぐに見《み》つからない場合《ばあい》、落《お》とし物《もの》は遺《い》失《しつ》物《ぶつ》センターに送《おく》られます。そして、3か月《げつ》たっても落《お》とし主《ぬし》が見《み》つからないときは、携帯電話《けいたいでんわ》やクレジットカード、キャッシュカードなどの個人情報《こじんじょうほう》が入《はい》ったものでなければ、拾得物《しゅうとくぶつ》件預《けんあずか》り書《しょ》を持《も》つ人《ひと》が受《う》け取《と》ることができます。

人《ひと》の持《も》ち物《もの》には「所有権《しょゆうけん》」という権利《けんり》があり、落《お》とし物《もの》の所有権《しょゆうけん》は落《お》とし主《ぬし》にあります。ただし、3か月《げつ》たつと、所有権《しょゆうけん》が落《お》とし主《ぬし》から拾《ひろ》った人《ひと》にうつると決《き》められているのです。

落《お》とし主《ぬし》が見《み》つかった場合《ばあい》は、拾《ひろ》った人《ひと》はお礼《れい》を受《う》け取《と》ることができるわ。

犯罪《はんざい》かもファイル まち編《へん》 4

コピーすれば、お金《かね》持《も》ちになれるじゃん！

解説《かいせつ》は次《つぎ》のページ

使《つか》うつもりで偽札《にせさつ》をつくると、通貨偽造罪《つうかぎぞうざい》になる。

「刑法第《けいほうだい》148条第《じょうだい》1項《こう》」では、使《つか》う目的《もくてき》でお金《かね》をコピーしたり、似《に》たようなものをつくったりすると、罪《つみ》になると決《き》められているよ。

偽物《にせもの》のお金《かね》をつくっちゃいけないの？

お金《かね》をコピーしたら、簡単《かんたん》に偽物《にせもの》のお金《かね》がつくれてお金持《かねも》ちになれそう。でも、本当《ほんとう》にそれをやったら、無期懲役《むきちょうえき》か3年《ねん》以上《いじょう》20年《ねん》以下《いか》の懲役《ちょうえき》（➡127ページ）になる「通貨偽造罪《つうかぎぞうざい》」という重《おも》い犯罪《はんざい》になります。

また、偽物《にせもの》のお金《かね》と知《し》って使《つか》うことも犯罪《はんざい》です。もし、偽物《にせもの》のお金《かね》と思《おも》われるものを見《み》つけたら、決《けっ》して使《つか》わず、すぐに警察《けいさつ》に届《とど》けましょう。

偽物《にせもの》のお金《かね》が出《で》まわると、お金《かね》による取《と》り引《ひ》きが難《むずか》しくなり、社会《しゃかい》が混乱《こんらん》してしまいます。だから偽物《にせもの》のお金《かね》をつくると、きびしく罰《ばっ》せられるし、コピーしようとすると警報《けいほう》が鳴《な》るしくみになっているのです。

新一万円札《しんまんえんさつ》にも偽造《ぎぞう》を防《ふせ》ぐ技術《ぎじゅつ》がいっぱい

偽札《にせさつ》をつくれないくふうを新《しん》一万円札《まんえんさつ》で見《み》てみましょう。文字《もじ》のインクを高《たか》く盛《も》り上《あ》げる深凹版《ふかおうはん》印刷《いんさつ》、目《め》の不自由《ふじゆう》な人《ひと》もさわってわかる識別《しきべつ》マーク、お札《さつ》をかたむけると文字《もじ》や模様《もよう》が見《み》える潜像模様《せんぞうもよう》や3D《スリーディー》ホログラムなど、高度《こうど》な技術《ぎじゅつ》が使《つか》われています。

◆ 新一万円札《しんまんえんさつ》のおもな偽造防止技術《ぎぞうぼうしぎじゅつ》

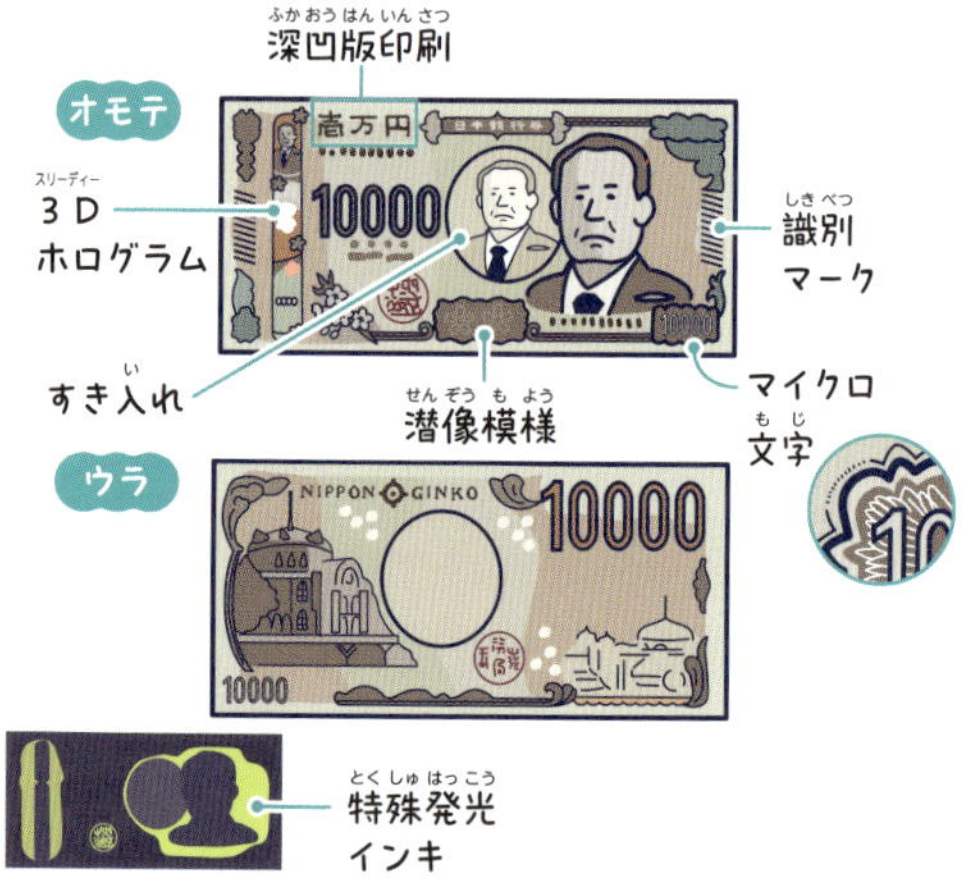

アメリカには硬貨《こうか》をつぶしてお土産《みやげ》にする機械《きかい》があるけれど、日本《にほん》では硬貨《こうか》にあなを開《あ》けるのも罰《ばっ》せられるわ。

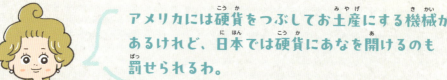

犯罪《はんざい》かもファイル
まち編《へん》
5

中学生《ちゅうがくせい》だけど、子《こ》ども料金《りょうきん》で電車《でんしゃ》に乗《の》っちゃえ

解説《かいせつ》は次《つぎ》のページ

中学生《ちゅうがくせい》なのに子《こ》ども料金《りょうきん》で電車《でんしゃ》に乗《の》ると、鉄道営業法《てつどうえいぎょうほう》という法律《ほうりつ》に違反《いはん》する。

「鉄道営業法第《てつどうえいぎょうほうだい》29条《じょう》」では、決《き》められた乗車券《じょうしゃけん》を持《も》たずに乗車《じょうしゃ》すると、罰金《ばっきん》を支《し》はらわなければならないとされているよ。

見《み》た目《め》はまだまだ小学生《しょうがくせい》バレなきゃだいじょうぶ？

鉄道《てつどう》やバスなどの公共交通機関《こうきょうこうつうきかん》では、小学生《しょうがくせい》は子《こ》ども料金《りょうきん》、中学《ちゅうがく》生《せい》からおとな料金《りょうきん》に変《か》わります。でも、中学生《ちゅうがくせい》になったばかりだと、見《み》た目《め》は小学生《しょうがくせい》と変《か》わらなそう。それなら、中学生《ちゅうがくせい》でも子《こ》ども料金《りょうきん》でも……なんてことはありません。バレないだろうと軽《かる》い気持《きも》ちでウソをついて、中学生《ちゅうがくせい》なのに子《こ》ども料金《りょうきん》で鉄道《てつどう》やバスを利用《りよう》するのは立派《りっぱ》な犯罪《はんざい》です。法律《ほうりつ》に違反《いはん》するため、罰金《ばっきん》をはらうなどの罰《ばつ》を受《う》けることもあります。

映画館《えいがかん》など、場所《ばしょ》によっては、中学生《ちゅうがくせい》でも子《こ》ども料金《りょうきん》のところがあります。いつまでが子《こ》ども料金《りょうきん》かを事前《じぜん》に確認《かくにん》して、正《ただ》しい料金《りょうきん》を支《し》はらいましょう。

小学校《しょうがっこう》を卒業《そつぎょう》したけど…子《こ》ども料金《りょうきん》はいつまで？

小学校《しょうがっこう》の学年《がくねん》は4月《がつ》1日《ついたち》に始《はじ》まり、翌年《よくねん》の3月《がつ》31日《にち》におわると法律《ほうりつ》で決《き》められています。だから、小学校《しょうがっこう》の卒業式《そつぎょうしき》が終《お》わっても、その年《とし》の3月《がつ》31日《にち》までは小学生《しょうがくせい》。その日《ひ》までは、子《こ》ども料金《りょうきん》で鉄道《てつどう》やバスに乗《の》ることができます。

◆小学生《しょうがくせい》まで子《こ》ども料金《りょうきん》としている場合《ばあい》

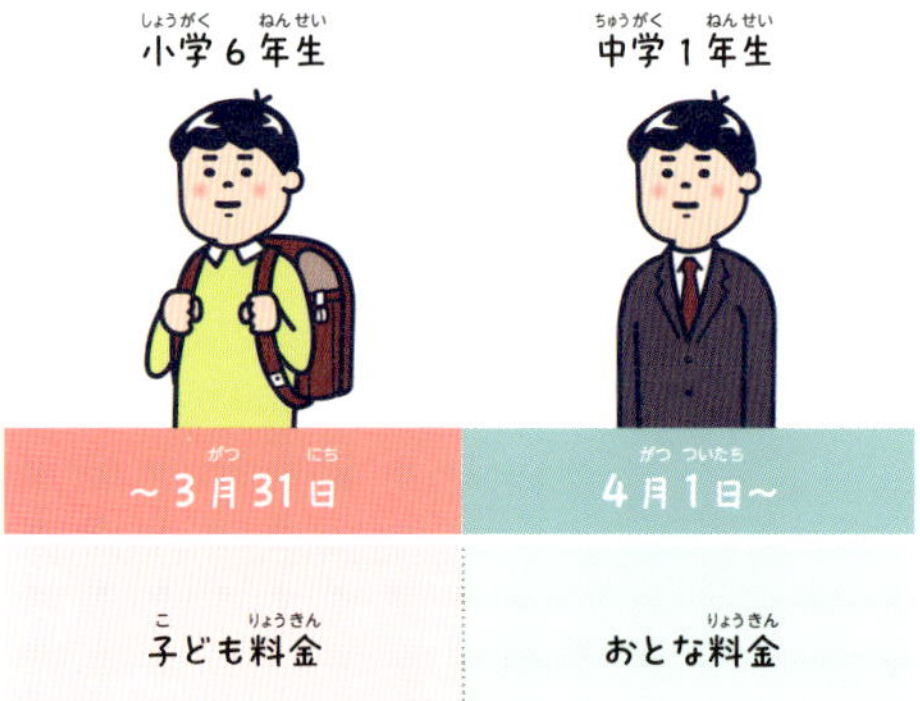
小学《しょうがく》6年生《ねんせい》
中学《ちゅうがく》1年生《ねんせい》
～3月《がつ》31日《にち》
4月《がつ》1日《ついたち》～
子《こ》ども料金《りょうきん》
おとな料金《りょうきん》

中学生《ちゅうがくせい》になったら、おとな料金《りょうきん》を支《し》はらうこと。それが、おとなへの第一歩《だいいっぽ》ということ。

犯罪《はんざい》かもファイル
まち編《へん》 6

おつりが多《おお》い!! だまってよ〜〜っと

200円《えん》のおつりだよ
100円《えん》多《おお》い！ラッキー！

解説《かいせつ》は次《つぎ》のページ

おつりが多《おお》いのに気《き》づかないふりをして受《う》け取《と》ると、詐欺罪《さぎざい》になる。

「刑法第《けいほうだい》246条《じょう》」では、他人《たにん》からお金《かね》やものをだまし取《と》ったら、罪《つみ》になると決《き》められているよ。

おつりが多《おお》いとき、気《き》づかないふりをしちゃダメなの？

買《か》い物《もの》をして、おつりが多《おお》く支《し》はらわれたら「ラッキー！」とそのまま受《う》け取《と》っちゃう？　気《き》づかないで受《う》け取《と》っても罪《つみ》にはなりませんが、もし気《き》づいたら、お店《みせ》の人《ひと》に伝《つた》える義務《ぎむ》があります。だまってそのまま受《う》け取《と》ると、詐欺《さぎ》罪《ざい》に問《と》われます。積極的《せっきょくてき》にウソをついて相手《あいて》をだまし、金品《きんぴん》をうばう行為《こうい》とみなされるのです。

お店《みせ》で おつりが多《おお》いことに気《き》づいたら

↓

気《き》づいた時点《じてん》で返《かえ》す

お店《みせ》を出《で》たあとで気《き》づいたら？

家《いえ》に帰《かえ》る途中《とちゅう》や家《いえ》に帰《かえ》ってから、おつりが多《おお》かったと気《き》づいた場合《ばあい》はどうでしょう。そのまま自分《じぶん》のものにしても、詐欺罪《さぎざい》にはなりません。その代《か》わり、拾《ひろ》った落《お》とし物《もの》を自分《じぶん》のものにするのと同《おな》じで、遺失物等横領罪《いしつぶつとうおうりょうざい》という別《べつ》の罪《つみ》になります。おつりが多《おお》かったら、お店《みせ》を出《で》たあとでも、気《き》づいたときに正直《しょうじき》にお店《みせ》に返《かえ》しましょう。

お店《みせ》を出《で》て おつりが多《おお》いことに気《き》づいたら

↓

お店《みせ》にもどって返《かえ》す

まちがえたのはお店《みせ》の人《ひと》だけど、おつりをもらっていい理由《りゆう》にはなりません。

犯罪《はんざい》かもファイル
まち編《へん》 7

えっ、まって！写真《しゃしん》とれば、読《よ》み放《ほう》題《だい》じゃん！

解説《かいせつ》は次《つぎ》のページ

立《た》ち読《よ》みしていた本《ほん》を撮影《さつえい》するデジタル万引《まんび》きは、窃盗罪《せっとうざい》には問《と》われない。

万引《まんび》きをして店《みせ》の品物《しなもの》をぬすみとったら、「刑法第《けいほうだい》235条《じょう》」で窃盗罪《せっとうざい》になると決《き》められているけれど、デジタル万引《まんび》きは窃盗罪《せっとうざい》にあたらないとされているよ。

デジタル万引《まんび》きって何《なに》？

書店《しょてん》で立《た》ち読《よ》みしていて、買《か》うほどではないけれど、ある部分《ぶぶん》だけほしい、この情報《じょうほう》をメモしておきたいということがありますね。そんなとき、本《ほん》のあるページをスマホのカメラで撮影《さつえい》したり、本《ほん》の内容《ないよう》を打《う》ち込《こ》んでメモしたりする行為《こうい》を、デジタル万引《まんび》きといいます。本《ほん》そのものをぬすむ万引《まんび》きは窃盗罪《せっとうざい》になりますが、このデジタル万引《まんび》きは窃盗罪《せっとうざい》にはなりません。

ただ、書店内《しょてんない》で撮影《さつえい》やメモをするのは、お金《かね》を支《し》はらわずに情報《じょうほう》を得《え》ることと同《おな》じです。書店《しょてん》にとっては迷惑行為《めいわくこうい》にほかなりません。社会《しゃかい》のルール違反《いはん》といえることうした行為《こうい》は、ぜったいにやめましょう。

デジタル万引《まんび》きが法律違反《ほうりついはん》になることも

デジタル万引《まんび》きは、場合《ばあい》によっては罰《ばっ》せられることがあります。たとえば、店内《てんない》に「撮影禁止《さつえいきんし》」の案内《あんない》があるのに撮影《さつえい》すると、損害賠償《そんがいばいしょう》を請求《せいきゅう》される可能性《かのうせい》があります。また、撮影《さつえい》したデータを他人《たにん》に見《み》せたり、SNS《エスエヌエス》で公開《こうかい》したりした場合《ばあい》は、著作権法違反《ちょさくけんほういはん》に問《と》われることもあります。著作権《ちょさくけん》とは、本《ほん》や音楽《おんがく》などの作者《さくしゃ》と、その作品《さくひん》（著作物《ちょさくぶつ》）を守《まも》るための権利《けんり》。著作物《ちょさくぶつ》を勝手《かって》に使《つか》われないよう取《と》りしまるのが著作権法《ちょさくけんほう》です。

本《ほん》をつくった人《ひと》にも売《う》る人《ひと》にも、デジタル万引《まんび》きはいやなこと。
お店《みせ》の迷惑《めいわく》にもなるし、トラブルのもとになるのでやめましょうね。

犯罪《はんざい》かもファイル
まち編《へん》
8

割《わ》り込《こ》み禁《きん》止《し》？ それ、だれが決《き》めたの？

解説《かいせつ》は次《つぎ》のページ

乱暴《らんぼう》な言動《げんどう》をして、乗《の》り物《もの》を待《ま》つ列《れつ》に割《わ》り込《こ》むと、**行列《ぎょうれつ》割《わ》り込《こ》み等《とう》の罪《つみ》**になる。

「**軽犯罪法《けいはんざいほう》第《だい》1条《じょう》第《だい》13号《ごう》**」では、公共《こうきょう》の場《ば》で、多《おお》くの人《ひと》に乱暴《らんぼう》なふるまいをして、列《れつ》に割《わ》り込《こ》んだり列《れつ》を乱《みだ》したりすると、罪《つみ》になると決《き》められているよ。

乱暴《らんぼう》に割《わ》り込《こ》むと罪《つみ》になる

並《なら》んでいる人《ひと》たちの列《れつ》に割《わ》り込《こ》むのは、とても身勝手《みがって》な行動《こうどう》ですよね。とくに「公共《こうきょう》の乗《の》り物《もの》、演劇《えんげき》などのもよおし、割当《わりあて》物資《ぶっし》の配給《はいきゅう》」などで並《なら》ぶときに、乱暴《らんぼう》な言動《げんどう》で迷惑《めいわく》をかけ、列《れつ》を乱《みだ》したり割《わ》り込《こ》んだりするのは法律違反《ほうりついはん》です。

具体的《ぐたいてき》には、電車《でんしゃ》やバスなどの乗車《じょうしゃ》や、コンサートなどのイベントの入場《にゅうじょう》を待《ま》っているとき、災害《さいがい》時《じ》に国《くに》や地方《ちほう》公共《こうきょう》団体《だんたい》から物資《ぶっし》が配《くば》られるときなどに、「どけどけー！」とどなったり、すごむような態度《たいど》をとったりして乱暴《らんぼう》に割《わ》り込《こ》むと、行列《ぎょうれつ》割《わ》り込《こ》み等《とう》の罪《つみ》に問《と》われます。こうした割《わ》り込《こ》みは、多《おお》くの人《ひと》の迷惑《めいわく》になるのでやめましょう。

法律違反《ほうりついはん》にならない場合《ばあい》も!?

コンビニでレジ待《ま》ちの列《れつ》に割《わ》り込《こ》む場合《ばあい》や、人気《にんき》ラーメン店《てん》で列《れつ》に一人《ひとり》が並《なら》び、あとから仲間《なかま》が来《き》て割《わ》り込《こ》む場合《ばあい》は、「公共《こうきょう》の乗《の》り物《もの》、演劇《えんげき》などのもよおし、割当《わりあて》物《ぶっ》資《し》の配給《はいきゅう》」ではないので、法律違反《ほうりついはん》になりません。また、公共《こうきょう》の列《れつ》でもそっと割《わ》り込《こ》むのは、乱暴《らんぼう》な言動《げんどう》がないので罪《つみ》に問《と》われません。

法律《ほうりつ》で禁《きん》じられていないとしても、こうした行為《こうい》はマナー違反《いはん》です。みんなが気持《きも》ちよく過《す》ごせるよう、マナーを守《まも》りましょう。

列《れつ》に割《わ》り込《こ》むのは、罪《つみ》かどうかというよりマナー違反《いはん》。人《ひと》にされていやなことは、自分《じぶん》もしてはいけないわ。

犯罪《はんざい》かもファイル
まち編《へん》
9

いたずらで通《とお》せんぼしちゃうぜ

解説《かいせつ》は次《つぎ》のページ

いたずらで通《とお》せんぼして、進路《しんろ》をふさぐと 追《つい》随《ずい》等《とう》の罪《つみ》になる。

「軽《けい》犯《はん》罪《ざい》法《ほう》第《だい》1条《じょう》第《だい》28号《ごう》」では、相手《あいて》の進路《しんろ》に立《た》ちふさがる、まわりにむらがってどかない、つきまとうなどは、罪《つみ》になると決《き》められているよ。

通《とお》せんぼはなぜいけないの？

軽《かる》いいたずらでも、道《みち》で前《まえ》から来《く》る人《ひと》をわざとよけずに、両手《りょうて》を広《ひろ》げたりして通《とお》せんぼしてはいけません。他人《たにん》の進路《しんろ》に立《た》ちふさがったり、何人《なんにん》かでむらがったりして、相手《あいて》がいやがっているのにやめない場合《ばあい》、また、相手《あいて》を不安《ふあん》にさせ、迷惑《めいわく》をかけるようにつきまとう場合《ばあい》は、相手《あいて》のからだにふれていなくても軽《けい》犯《はん》罪《ざい》法《ほう》の追《つい》随《ずい》等《とう》の罪《つみ》になります。

軽《けい》犯《はん》罪《ざい》法《ほう》では、人《ひと》の行動《こうどう》の自由《じゆう》をじゃますることを禁止《きんし》しています。じゃまをするほうとされるほうは、人《ひと》対《たい》人《ひと》だけでなく、どちらか一方《いっぽう》か両方《りょうほう》が自転車《じてんしゃ》や自動車《じどうしゃ》の場合《ばあい》でも、追《つい》随《ずい》等《とう》の罪《つみ》が適用《てきよう》されます。

くり返《かえ》すと別《べつ》の法律《ほうりつ》違反《いはん》に

恋愛感情《れんあいかんじょう》をいだく特定《とくてい》の相手《あいて》やその家族《かぞく》に、くり返《かえ》しつきまとう人《ひと》をストーカーといいます。この場合《ばあい》はストーカー規制法《きせいほう》違反《いはん》となります。また、恋愛感情《れんあいかんじょう》にかぎらず、何度《なんど》もつきまとったり不安《ふあん》にさせたりするのは、都道府県《とどうふけん》の迷惑《めいわく》防止《ぼうし》条例《じょうれい》違反《いはん》となります。

◆つきまとい行為《こうい》と法律《ほうりつ》・条例《じょうれい》

	目的《もくてき》	回数《かいすう》
軽犯罪法《けいはんざいほう》	目的《もくてき》の限定《げんてい》なし	1回《かい》だけでも違反《いはん》
ストーカー規制法《きせいほう》	恋愛感情《れんあいかんじょう》がらみ	1回《かい》だけではストーカー行為《こうい》にならない
迷惑防止《めいわくぼうし》条例《じょうれい》	恋愛感情《れんあいかんじょう》にかぎらない	1回《かい》だけでは条例違反《じょうれいいはん》にならない

とつぜん通《とお》せんぼされたら、こわいわね。
いたずらのつもりでも、
人《ひと》を不安《ふあん》にさせるのはやめてね。

このポスター、へんな顔《かお》にしちゃえ〜

解説《かいせつ》は
次《つぎ》のページ

選挙《せんきょ》ポスターに落書《らくが》きをしたら、選挙《せんきょ》の自由妨害罪《じゆうぼうがいざい》になる。

「公職選挙法第《こうしょくせんきょほうだい》225条第《じょうだい》2号《ごう》」では、選挙ポスターをはがしたり、よごしたり、やぶいたりするなどして選挙《せんきょ》の自由《じゆう》をさまたげると、罪《つみ》になると決《き》められているよ。

選挙《せんきょ》ポスターに落書《らくが》きしたら逮捕《たいほ》される!?

選挙《せんきょ》が近《ちか》づくと、まちに候補者《こうほしゃ》のポスターがはりだされます。ポスターをはがす、よごす、落書《らくが》きするなどのいたずらをすると、選挙《せん》の自由《じゆう》を妨害《ぼうがい》したという理由《りゆう》から、公職選挙法違反《こうしょくせんきょほういはん》となります。逮捕《たいほ》されたり罰金《ばっきん》をとられたりすることもあるので要注意《ようちゅうい》。

◆ 公職選挙法《こうしょくせんきょほう》の違反例《いはんれい》

17歳《さい》はNG《エヌジー》で18歳《さい》ならOK《オーケー》なことって?

知《し》っている候補者《こうほしゃ》が街頭演説《がいとうえんぜつ》していたら、スマホのカメラで撮影《さつえい》してしまうかも。それをさっそくYouTube《ユーチューブ》にアップして……と、ちょっと待《ま》って! 動画《どうが》やブログ、SNS《エスエヌエス》などインターネットを利《り》用《よう》して候補者《こうほしゃ》の情報《じょうほう》を発信《はっしん》するのは、選挙運動《せんきょうんどう》にあたります。そして、選挙運動《せんきょうんどう》をしていいのは、選挙権《せんきょけん》のある18歳以上《さいいじょう》だけ。

だから、17歳以下《さいいか》の人《ひと》がこれらの選挙運動《せんきょうんどう》をすると、リポストや転送《てんそう》だけでも公職選挙法《こうしょくせんきょほう》で罰《ばっ》せられます。さらに、電子《でんし》メールや携帯電話《けいたいでんわ》の※SMS《エスエムエス》で選挙運動《せんきょうんどう》をしていいのは候補者《こうほしゃ》だけ。ややこしいですが、18歳以上《さいいじょう》の有権者《ゆうけんしゃ》でも罰《ばっ》せられるので注意《ちゅうい》が必要《ひつよう》です。

※ショートメッセージサービスのこと。

インターネットでは何《なん》でも気軽《きがる》に発信《はっしん》できるけれど、選挙運動《せんきょうんどう》は18歳《さい》になるまでおあずけね。

犯罪《はんざい》かもファイル

まち編《へん》

11

公《こう》園《えん》でたき火《び》しちゃお

解説《かいせつ》は
次《つぎ》のページ

公園《こうえん》でたき火《び》をしたら、火気乱用《かきらんよう》の罪《つみ》になる。

「**軽犯罪法《けいはんざいほう》第《だい》１条《じょう》第《だい》９号《ごう》**」では、火事《かじ》を防《ふせ》ぐ注意《ちゅうい》をしないで、建物《たてもの》や木《き》、その他《た》の燃《も》えるようなものの近《ちか》くでたき火《び》をしたら、罪《つみ》になると決《き》められているよ。

◆出火《しゅっか》のおもな原因《げんいん》

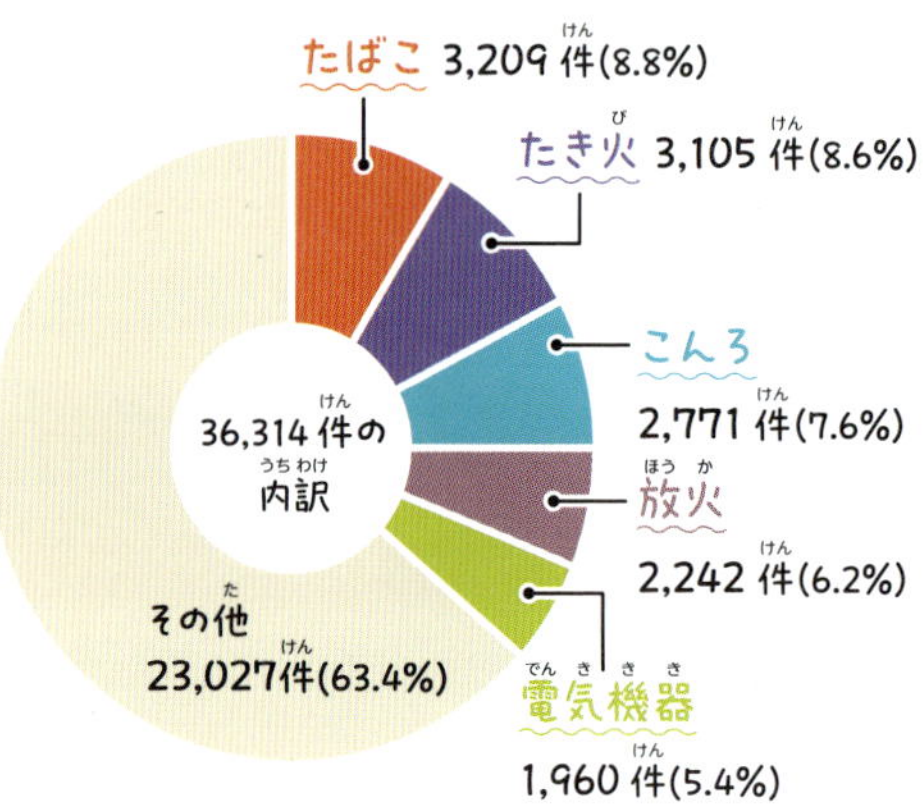
たばこ 3,209件《けん》(8.8%)
たき火《び》 3,105件《けん》(8.6%)
こんろ 2,771件《けん》(7.6%)
放火《ほうか》 2,242件《けん》(6.2%)
電気機器《でんきき き》 1,960件《けん》(5.4%)
その他《た》 23,027件《けん》(63.4%)
36,314件《けん》の内訳《うちわけ》

2022年《ねん》(消防庁資料《しょうぼうちょうしりょう》)

たき火《び》は火事《かじ》の原因《げんいん》にも

たき火《び》は、燃《も》えうつる木《き》や建物《たてもの》などが近《ちか》くにないところで、消火《しょうか》用《よう》のバケツなどを準備《じゅんび》してやること。これらを考《かんが》えずにたき火《び》をすると、火事《かじ》につながる危険《きけん》があるため、罰《ばっ》せられることがあります。公園《こうえん》でのたき火《び》は禁止《きんし》のところが多《おお》いので、管理者《かんりしゃ》に確認《かくにん》を。

たき火《び》も花火《はなび》も子《こ》どもだけではしないこと

たき火《び》や花火《はなび》をするときは、まわりに燃《も》えうつるものがないかよく確《たし》かめて、消火器《しょうかき》や、水《みず》を入《い》れたバケツなどを用意《ようい》しましょう。そして、必《かなら》ずおとなと一緒《いっしょ》にやりましょう。


とつぜん風向《かざむ》きが変《か》わると、思《おも》わぬいきおいで火《ひ》が燃《も》えひろがります。近《ちか》くの家《いえ》や草木《くさき》などに燃《も》えうつったら、自分《じぶん》たちで消《け》すことは難《むずか》しく、家《いえ》や木《き》が焼《や》け、自分《じぶん》だけでなく、まわりの人《ひと》の命《いのち》をうばってしまうなど、取《と》り返《かえ》しのつかないことにもなりかねません。

たき火《び》や花火《はなび》は必《かなら》ず風《かぜ》のない日《ひ》に。

また、マッチやライターを使《つか》った火遊《ひあそ》びも火事《かじ》につながるので、絶対《ぜったい》にやめましょう。

たき火《び》や火遊《ひあそ》びをやめるよう消防署員《しょうぼうしょいん》に注意《ちゅうい》されたとき、耳《みみ》をかさずに続《つづ》けると、消防法違反《しょうぼうほういはん》になるわ。

犯罪《はんざい》かもファイル
まち編《へん》
12
このチャリいただき〜
だれも使《つか》ってないみたいだし、乗《の》っちゃお
放置自転車は…
解説《かいせつ》は次《つぎ》のページ

放置自転車《ほうちじてんしゃ》に乗《の》ると、遺失物等横領罪《いしつぶつとうおうりょうざい》になる。

「刑法《けいほう》第《だい》254条《じょう》」では、だれが管理《かんり》しているかわからないものを無断《むだん》でとったら遺失物等横領罪《いしつぶつとうおうりょうざい》になると決《き》められているよ。

放置自転車《ほうちじてんしゃ》には乗《の》っていいよね？

長《なが》いあいだ放置《ほうち》されているなど、だれが管理《かんり》しているかわからない自転車《じてんしゃ》でも、使《つか》ったり自分《じぶん》のものにしたりすると、遺失物等横領罪《いしつぶつとうおうりょうざい》になります。

さらに、他《ほか》の人《ひと》の自転車《じてんしゃ》のカギをこわしたら、器物損壊罪《きぶつそんかいざい》になります。

◆遺失物等横領罪《いしつぶつとうおうりょうざい》

何日《なんにち》も放置《ほうち》されている自転車《じてんしゃ》をぬすむと

1年以下《ねんいか》の懲役《ちょうえき》（➡127ページ）、
または
10万円以下《まんえんいか》の罰金《ばっきん》
もしくは科料《かりょう》

駅前《えきまえ》や店《みせ》にとめてある自転車《じてんしゃ》に乗《の》って帰《かえ》ったら？

駅前《えきまえ》の駐輪場《ちゅうりんじょう》や店舗《てんぽ》の前《まえ》に短時間《たんじかん》とめてある自転車《じてんしゃ》はどうでしょうか。カギがかかっていないからといって、勝手《かって》に乗《の》って帰《かえ》ったり、乗《の》り捨《す》てたりするのはぬすんだことと同《おな》じです。窃盗罪《せっとうざい》（刑法第《けいほうだい》235条《じょう》）に問《と》われる可能性《かのうせい》があります。

◆窃盗罪《せっとうざい》

短時間《たんじかん》とめてある自転車《じてんしゃ》をぬすむと

10年以下《ねんいか》の懲役《ちょうえき》（➡127ページ）、
または
50万円以下《まんえんいか》の罰金《ばっきん》

ずっと放置《ほうち》されていてだれも乗《の》らなくても、人《ひと》のもの。勝手《かって》に使《つか》ったり自分《じぶん》のものにしたりしてはいけないわ。

犯罪《はんざい》かもファイル
まち編《へん》
13

駅《えき》の「非《ひ》常《じょう》停《てい》止《し》ボタン」をおしてみたい……

解説《かいせつ》は
次《つぎ》のページ

いたずらで非常停止《ひじょうていし》ボタンをおすと、偽計業務妨害罪《ぎけいぎょうむぼうがいざい》になる。

「刑法第《けいほうだい》233条《じょう》」では、ウソのうわさを流《なが》す、だれかをあざむくなどして、人《ひと》の信用《しんよう》をきずつけたり、人《ひと》の仕事《しごと》をじゃましたりしたら、罪《つみ》になると決《き》められているよ。

いたずらでおしたらどうなる？

駅《えき》のホームやふみきりにある非常停止《ひじょうていし》ボタンは、緊急事態《きんきゅうじたい》のときにおすボタンです。ボタンをおすことで、何人《なんにん》もの人《ひと》が急《いそ》いで対応《たいおう》にあたり、列車《れっしゃ》がとまるなど運行《うんこう》にもえいきょうが出《で》ます。人《ひと》の命《いのち》を守《まも》るためにあるものなので、決《けっ》していたずらでおしてはいけません。

いたずらでボタンをおした場合《ばあい》、偽計業務妨害罪《ぎけいぎょうむぼうがいざい》や威力業務妨害罪《いりょくぎょうむぼうがいざい》で逮捕《たいほ》される可能性《かのうせい》があります。どちらも他人《たにん》の仕事《しごと》を妨害《ぼうがい》したときに成立《せいりつ》する犯罪《はんざい》です。さらに、電車《でんしゃ》をおくれさせるなど鉄道会社《てつどうがいしゃ》に損害《そんがい》をあたえた場合《ばあい》、損害賠償《そんがいばいしょう》を求《もと》められることも。損害賠償金《そんがいばいしょうきん》額《がく》は数百万円《すうひゃくまんえん》から数千万円《すうせんまんえん》になることもあります。

どんなときにおすものなの？

非常停止《ひじょうていし》ボタンをおすのは、駅《えき》やふみきりで、事故《じこ》などの緊急事態《きんきゅうじたい》が発生《はっせい》したとき。たとえばホームから人《ひと》が落《お》ちたとき、列車《れっしゃ》の運行《うんこう》にえいきょうがあるものが落《お》ちたときなどは、まよわずボタンをおしましょう。

非常停止《ひじょうていし》ボタンは人《ひと》の命《いのち》にかかわる大事《だいじ》なボタン。
どんなときにおすのか、
みなさんにも知《し》っておいてほしいわ。

配《はい》達《たつ》員《いん》さんにウソの道《みち》を教《おし》えちゃお

あそこを右《みぎ》に曲《ま》がったところです
ホントは左《ひだり》だけどね

解説《かいせつ》は次《つぎ》のページ

配達員《はいたついん》にウソの道《みち》を教《おし》えたら、業務妨害《ぎょうむぼうがい》の罪《つみ》になる。

「軽犯罪法第《けいはんざいほうだい》1条第《じょうだい》31号《ごう》」では、他人《たにん》の仕事《しごと》をいたずらでじゃますると、罪《つみ》になると決《き》められているよ。

ウソを教《おし》えるのは業務妨害《ぎょうむぼうがい》

郵便《ゆうびん》や宅配便《たくはいびん》の配達員《はいたついん》に道《みち》をたずねられたとき、いたずらのつもりでウソの行《い》き方《かた》を教《おし》えると、業務妨害罪《ぎょうむぼうがいざい》になる場合《ばあい》があります。ウソを教《おし》えたことで道《みち》にまよわせ、配達員《はいたついん》の仕事《しごと》を妨害《ぼうがい》したと考《かんが》えられるからです。といっても、35ページの場合《ばあい》は単純《たんじゅん》ないたずらで、被害《ひがい》が小《ちい》さく、それほど悪意《あくい》もないため、軽犯罪法《けいはんざいほう》の業務妨害《ぎょうむぼうがい》の罪《つみ》となります。

一方《いっぽう》、仕事《しごと》を妨害《ぼうがい》するやり方《かた》がもっと悪質《あくしつ》だと、軽犯罪法《けいはんざいほう》ではなく、刑法《けいほう》の業務妨害罪《ぎょうむぼうがいざい》が適用《てきよう》されることもあります。もちろん、ウソをつくつもりがないのにまちがった行《い》き方《かた》を教《おし》えた場合《ばあい》は、どちらの罪《つみ》にもなりません。

刑法違反《けいほういはん》になる場合《ばあい》とは？

いたずらのはんいをこえた、より悪質《あくしつ》な妨害《ぼうがい》は刑法《けいほう》の業務妨害罪《ぎょうむぼうがいざい》に問《と》われます。他人《たにん》をよそおって寿司《すし》やピザなどを大量《たいりょう》に出前注文《でまえちゅうもん》して店《みせ》をこまらせたり、出前《でまえ》の電話《でんわ》がとれないよう無言電話《むごんでんわ》をかけ続《つづ》けたり、といった場合《ばあい》です。

たとえいたずらでも、ウソの行《い》き方《かた》を教《おし》えられたら大迷惑《だいめいわく》！
働《はたら》いている人《ひと》をこまらせてはいけません。

犯罪《はんざい》かもファイル
まち編《へん》
15

解説《かいせつ》は
次《つぎ》のページ

つばを公園《こうえん》や道路《どうろ》にはくと、排《はい》せつ等《とう》の罪《つみ》になる。

「**軽犯罪法第《けいはんざいほうだい》1条第《じょうだい》26号《ごう》**」では、道路《どうろ》や公園《こうえん》、駅《えき》などに、たんやつばをはいたり、おしっこやうんちをしたり、させたりすると、罪《つみ》になると決《き》められているよ。

路上《ろじょう》や公園《こうえん》で、たんやつばをはくのは犯罪行為《はんざいこうい》

路上《ろじょう》や公園《こうえん》、デパートや駅《えき》など、多《おお》くの人《ひと》が集《あつ》まる公共《こうきょう》の場所《ばしょ》でたんやつばをはくと、軽犯罪法《けいはんざいほう》の排《はい》せつ等《とう》の罪《つみ》に問《と》われます。また、人《ひと》に対《たい》してつばをはくのは暴行罪《ぼうこうざい》（刑法第《けいほうだい》２０８条《じょう》）にあたります。

風邪《かぜ》などで体調《たいちょう》が悪《わる》く、どうしてもたんやつばが出《で》るときは、紙《かみ》にはいてごみ箱《ばこ》へ捨《す》てましょう。ただし、つつんだ紙《かみ》をそのまま道《みち》ばたに捨《す》てると、汚廃物投棄《おはいぶつとうき》の罪《つみ》（軽犯罪法第《けいはんざいほうだい》1条第《じょうだい》27号《ごう》）となります。

罪《つみ》であるかどうか以前《いぜん》に、公共《こうきょう》の場所《ばしょ》にたんやつばをはいたり、紙《かみ》ごみをポイ捨《す》てするのは、不衛生《ふえいせい》で不快《ふかい》な行為《こうい》。社会《しゃかい》のマナーとして、やってはいけないことです。

路上《ろじょう》や公園《こうえん》では大《だい》も小《しょう》もしてはダメ！

同《おな》じように、路上《ろじょう》や公園《こうえん》などの人《ひと》が集《あつ》まる場所《ばしょ》では、おしっこもうんちもしてはダメ。たんやつばと同《おな》じく、排《はい》せつ等《とう》の罪《つみ》に問《と》われます。※小《ちい》さい子《こ》にもさせてはいけません。必《かなら》ずトイレを利用《りよう》しましょう。

※公園《こうえん》などで、幼児《ようじ》が大小便《だいしょうべん》をもよおし、まわりにトイレがない場合《ばあい》は、違法性《いほうせい》はないとされている。

まちをよごすたんやつばは本当《ほんとう》に不衛生《ふえいせい》ね。ましてや、うんちやおしっこなんて！

図《と》書《しょ》館《かん》の本《ほん》、返《かえ》し忘《わす》れてた！

返《かえ》す日《ひ》から
1年《ねん》すぎてる……
おこられるかな
もらっちゃおうかな
2025.12
2024.12.5
図書館

解説《かいせつ》は
次《つぎ》のページ

図書館《としょかん》の本《ほん》を返《かえ》さずに自分《じぶん》の本《ほん》にしようとすると、横領罪《おうりょうざい》になる。

「刑法第《けいほうだい》252条《じょう》」では、自分《じぶん》の手元《てもと》にある他人《たにん》のものを、自分《じぶん》のものにすると、罪《つみ》になると決められているよ。

返《かえ》さないと罪《つみ》やペナルティに

借《か》りた本《ほん》は、決《き》められた期限内《きげんない》に返《かえ》す。このルールが守《まも》られなければ、図書館《としょかん》は続《つづ》けていけません。でも、借《か》りた本《ほん》を返《かえ》さない人《ひと》が多《おお》く、問題《もんだい》になっています。図書館《としょかん》の本《ほん》を返《かえ》すようメールやはがき、電話《でんわ》で何度《なんど》連絡《れんらく》を受《う》けても、返《かえ》さずに自分《じぶん》のものにしようとしたら、「横領罪《おうりょうざい》」に問《と》われる可能性《かのうせい》があります。

罪《つみ》にならない場合《ばあい》でも、新《あら》たに本《ほん》を貸《か》さない、貸出期間《かしだしきかん》を延長《えんちょう》させないなど、返却《へんきゃく》がおくれた人《ひと》にペナルティを科《か》す図書館《としょかん》もあります。返《かえ》し忘《わす》れや、返《かえ》したつもりになっていることもあるので、返却《へんきゃく》期限《きげん》を確《たし》かめて、本《ほん》は期限内《きげんない》に返《かえ》しましょう。

返却期限《へんきゃくきげん》までに読《よ》みきれなかったら？

連絡《れんらく》もせず借《か》りっぱなしにすると、多《おお》くの人《ひと》の迷惑《めいわく》になります。返却期限《へんきゃくきげん》までに本《ほん》を読《よ》みきれなかったら、延長《えんちょう》の手続《てつづ》きをしましょう。それでも読《よ》みきれなかったら、いったん返《かえ》してから、また借《か》りなおしましょう。

◆返却期限内《へんきゃくきげんない》に読《よ》みきれないときは

延長《えんちょう》しても読《よ》みきれないときは、一度《いちど》返《かえ》してから借《か》りなおそう。

返却《へんきゃく》されない本《ほん》が多《おお》くてこまるのはだれかしら？
図書館《としょかん》の本《ほん》は、みんなのものということを忘《わす》れないで。

コンセント発《はっ》見《けん》！これで充《じゅう》電《でん》ができる～～

解説《かいせつ》は次《つぎ》のページ

スマホの充電《じゅうでん》のために無断《むだん》で電気《でんき》を使《つか》うと、窃盗罪《せっとうざい》になる。

「刑法第《けいほうだい》235条《じょう》」では、他人《たにん》の財物《ざいぶつ》※をぬすむと、罪《つみ》になると決《き》められている。
「刑法第《けいほうだい》245条《じょう》」では、電気《でんき》も財物《ざいぶつ》にふくまれると決《き》められているよ。

※財物《ざいぶつ》とは、お金《かね》や車《くるま》など財産的《ざいさんてき》に価値《かち》があるもののこと。

電気《でんき》は無断《むだん》で使《つか》えないの？

電気《でんき》を使《つか》ったら当然《とうぜん》、使《つか》ったぶんの電気代《でんきだい》を電力会社《でんりょくがいしゃ》と契約《けいやく》している家《いえ》やお店《みせ》の人《ひと》が支《し》はらわなければなりません。電気《でんき》は目《め》に見《み》えないけれど、お金《かね》に換算《かんさん》される「もの」と考《かんが》えられ、勝手《かって》に使《つか》うと、ものをぬすんだのと同《おな》じことになるのです。

◆こんなコンセントは無断使用NG《むだんしようエヌジー》

電気《でんき》を使《つか》いたいときは？

カフェなどで、自由《じゆう》に使《つか》っていいコンセントが設置《せっち》されている場合《ばあい》は、電気《でんき》を使《つか》ってもOK《オーケー》。そうでなければ、勝手《かって》にお店《みせ》の電気《でんき》を使《つか》うのはやめましょう。

たとえばファミリーレストランにある注文用《ちゅうもんよう》タブレットのためのコンセントや、そうじ用《よう》などのコンセントでも、勝手《かって》に使《つか》うと「窃盗罪《せっとうざい》」になるので要注意《ようちゅうい》。無断《むだん》で電気《でんき》を使《つか》って窃盗罪《せっとうざい》となったら、10年《ねん》以下《いか》の懲役《ちょうえき》（➡127ページ）か50万《まん》円《えん》以下《いか》の罰金《ばっきん》となる可能性《かのうせい》があります。

よその電気《でんき》を勝手《かって》に使《つか》うのは、人《ひと》のものを勝手《かって》に使《つか》うのと同《おな》じ。使《つか》っていいかどうか、必《かなら》ずお店《みせ》の人《ひと》に確認《かくにん》しましょう。

電気《でんき》は目《め》に見《み》えないけれど、決《けっ》してタダではないの。
友《とも》だちの家《いえ》でも電気《でんき》を勝手《かって》に使《つか》ってはいけないわ。

犯罪《はんざい》かもファイル まち編《へん》 18

ドリンクバー、注文《ちゅうもん》してないけど……

バレないって〜 あげるよ〜
DRINK BAR
Tea
じゃ一口《ひとくち》 もらうね〜

解説《かいせつ》は 次《つぎ》のページ

ファミリーレストランで注文《ちゅうもん》していない人《ひと》がドリンクバーの飲《の》み物《もの》を飲《の》むと、詐欺罪《さぎざい》になる。

「刑法第《けいほうだい》246条《じょう》」では、人《ひと》をだましてお金《かね》やものを手《て》に入《い》れると、罪《つみ》になると決《き》められているよ。だまして得《とく》をしたり、他《ほか》の人《ひと》に得《とく》をさせても罪《つみ》になるよ。

注文《ちゅうもん》していない人《ひと》が飲《の》んでもいい？

ファミリーレストランなどのドリンクバーは、いろいろなドリンクが飲《の》み放題《ほうだい》です。でも、一人《ひとり》しか注文《ちゅうもん》していないのに、同《おな》じコップを使《つか》って何人《なんにん》かでまわし飲《の》みするのはＮＧ《エヌジー》。ドリンクバーは、食《た》べ放題《ほうだい》のバイキングと同《おな》じで、お金《かね》を支《し》はらって飲《の》み放題《ほうだい》の「権利《けんり》」を買《か》っています。だから、利用《りよう》する人《ひと》それぞれがお金《かね》を支《し》はらわなければ利用《りよう》できません。

権利《けんり》を持《も》っていない人《ひと》がドリンクバーを利用《りよう》すると、必要《ひつよう》なお金《かね》を支《し》はらわなかったという理由《りゆう》から、「詐欺罪《さぎざい》」になる可能性《かのうせい》も。ドリンクバーは人数分《にんずうぶん》きちんと注文《ちゅうもん》して、楽《たの》しい時間《じかん》を過《す》ごしましょう。

ドリンクバーのティーバッグ持《も》ち帰《かえ》ってもいい？

ティーバッグは店内《てんない》で使《つか》うために置《お》いてあります。店《みせ》が「持《も》ち帰《かえ》ってもいい」としていなければ、勝手《かって》に持《も》ち帰《かえ》るのは窃盗罪《せっとうざい》にあたります。テーブルに置《お》いてある小《こ》袋《ぶくろ》の調味料《ちょうみりょう》なども同《おな》じです。

一口《ひとくち》くらいならいいかもなんて思《おも》わないで。ちゃんとお金《かね》を支《し》はらって、正《ただ》しく楽《たの》しんでね。

犯罪《はんざい》かもファイル
まち編《へん》
19

食《た》べ放題《ほうだい》だし持《も》って帰《かえ》ろう

家《いえ》から容器《ようき》持《も》ってきた～
ランチバイキング
おなかいっぱーい

解説《かいせつ》は次《つぎ》のページ

食《た》べ放題《ほうだい》の店《みせ》で食《た》べきれないものを持《も》って帰《かえ》ると、窃盗罪《せっとうざい》になる。

「刑法第《けいほうだい》235条《じょう》」では、他人《たにん》のお金《かね》やものをぬすみとったら、罪《つみ》になると決《き》められているよ。

食《た》べ放題《ほうだい》の料理《りょうり》持《も》ち帰《かえ》ってもいい？

食《た》べ放題《ほうだい》とは、決《き》められた時間《じかん》内《ない》に、「店内《てんない》で」好《す》きなだけ食《た》べられる、ということ。だから、料《りょう》理《り》をいくら食《た》べても料金《りょうきん》は変《か》わりませんが、それを店《みせ》の外《そと》に持《も》ちだすことはできません。食《た》べきれないからといって、お店《みせ》に断《ことわ》りなく料理《りょうり》を持《も》ち帰《かえ》ると、ぬすんだと判《はん》断《だん》されて「窃盗罪《せっとうざい》」に問《と》われる可《か》能性《のうせい》もあります。

大量《たいりょう》に料理《りょうり》を残《のこ》したら？

食《た》べ放題《ほうだい》だと、ついつい多《おお》めに注文《ちゅうもん》してしまったり、たくさんお皿《さら》に盛《も》りすぎたりして、料理《りょうり》を大《たい》量《りょう》に残《のこ》してしまうことはありませんか。

元《もと》をとろうと欲《よく》ばりすぎると、大量《たいりょう》の食《た》べ残《のこ》しが出《で》たり、お店《みせ》はその分《ぶん》、他《ほか》の客《きゃく》に料理《りょうり》を出《だ》せなくなったりします。食《た》べ放題《ほうだい》だからといっても、取《と》る料理《りょうり》の量《りょう》は常識《じょうしき》のはんい内《ない》にしましょう。お店《みせ》が決《き》めたルールがあって、それを大《おお》はばにこえるときは、損害賠償《そんがいばいしょう》を請求《せいきゅう》される場合《ばあい》があります。

残《のこ》した料理《りょうり》は、そのまま食品《しょくひん》ロスとなってしまいます。食《た》べ放題《ほうだい》だからといって、食《た》べきれない量《りょう》を注文《ちゅうもん》しないようにしましょう。

料理《りょうり》の持《も》ち帰《かえ》りや食《た》べ残《のこ》しは、店《みせ》によってルールがちがうわ。食《た》べ始《はじ》める前《まえ》に確認《かくにん》するといいわ。

犯罪《はんざい》かもファイル
まち編《へん》
20

タダできのこ狩《が》り!?

こっちにも きのこがあるな
とって帰《かえ》ろう

解説《かいせつ》は
次《つぎ》のページ

山《やま》できのこや山菜《さんさい》を無断《むだん》でとると、森林窃盗罪《しんりんせっとうざい》になる。

「森林法第《しんりんほうだい》197条《じょう》」では、他《ほか》のだれかの森林《しんりん》で、植物《しょくぶつ》や昆虫《こんちゅう》、石《いし》や土《つち》などをぬすんだら、罪《つみ》になると決《き》められているよ。

どんな山《やま》にも所有者《しょゆうしゃ》がいる

山《やま》や森林《しんりん》には必《かなら》ず所有者《しょゆうしゃ》がいます。だから、そこにある植物《しょくぶつ》や昆《こん》虫《ちゅう》などの生《い》き物《もの》をはじめ、岩《いわ》や砂《じゃ》利《り》なども、所有者《しょゆうしゃ》の許可《きょか》なくとることはできません。勝手《かって》に持《も》ち帰《かえ》ると、山《やま》や森林《しんりん》の場合《ばあい》は「森林窃《しんりんせっ》盗罪《とうざい》」、公園《こうえん》など公共《こうきょう》の場所《ばしょ》では「窃盗罪《せっとうざい》」となる可能性《かのうせい》があります。山菜《さんさい》やきのこ、クリなどの木《き》の実《み》も、勝手《かって》にとったり拾《ひろ》ったりして持《も》ち帰《かえ》ると罰《ばっ》せられます。

また、サクラの枝《えだ》を折《お》るなど、草木《くさき》を傷《きず》つけると「器物損壊罪《きぶつそんかいざい》」（刑法第《けいほうだい》261条《じょう》）に。「立《た》ち入《い》り禁止《きんし》」の看板《かんばん》がある山《やま》などに許可《きょか》なく入《はい》ると、「田畑等侵入《でんぱたとうしんにゅう》の罪《つみ》」（軽犯罪法第《けいはんざいほうだい》1条第《じょうだい》32号《ごう》）の違反《いはん》に問《と》われます。

所有者《しょゆうしゃ》に許可《きょか》を得《え》てから

「山菜採集禁止《さんさいさいしゅうきんし》」「きのこと り禁《きん》止《し》」などの看板《かんばん》がある場所《ばしょ》では、山菜《さんさい》などをとらないこと。所有者《しょゆうしゃ》に許可《きょか》を得《え》ていれば、安心《あんしん》して山《さん》菜《さい》やきのこをとることができます。所有者《しょゆうしゃ》がわからない場合《ばあい》は、森林《しんりん》管理事務所《かんりじむしょ》や森林組合《しんりんくみあい》などに問《と》い合《あ》わせてみましょう。

山《やま》は必《かなら》ず国《くに》や地方公共団体《ちほうこうきょうだんたい》、個人《こじん》の持《も》ちもの。
山菜《さんさい》もきのこも虫《むし》も、勝手《かって》にとらないよう気《き》をつけて。

犯罪《はんざい》かもファイル
まち編《へん》
21

この石《いし》かわいすぎ！持《も》って帰《かえ》るね

解説《かいせつ》は次《つぎ》のページ

落《お》ち葉《ば》や石《いし》などを持《も》ち帰《かえ》ると、自《し》然《ぜん》公《こう》園《えん》法《ほう》違《い》反《はん》になる場《ば》合《あい》もある。

「自《し》然《ぜん》公《こう》園《えん》法《ほう》第《だい》20条《じょう》、第《だい》21条《じょう》」では、国《こく》立《りつ》公《こう》園《えん》や国《こく》定《てい》公《こう》園《えん》の特《とく》別《べつ》保《ほ》護《ご》地《ち》区《く》、特《とく》別《べつ》地《ち》域《いき》などで、植《しょく》物《ぶつ》や鉱《こう》物《ぶつ》などを無《む》断《だん》でとると罪《つみ》になると決《き》められているよ。

特《とく》別《べつ》保《ほ》護《ご》地《ち》区《く》では落《お》ち葉《ば》も石《いし》も持《も》ち帰《かえ》れない

豊《ゆた》かな自《し》然《ぜん》風《ふう》景《けい》が見《み》られる日《に》本《ほん》の国《こく》立《りつ》公《こう》園《えん》や国《こく》定《てい》公《こう》園《えん》。中《なか》でも貴《き》重《ちょう》な自《し》然《ぜん》が残《のこ》っているエリアは、保《ほ》護《ご》の重《じゅう》要《よう》さから特《とく》別《べつ》保《ほ》護《ご》地《ち》区《く》、特《とく》別《べつ》地《ち》域《いき》などに指《し》定《てい》されています。特《とく》別《べつ》保《ほ》護《ご》地《ち》区《く》では、動《どう》植《しょく》物《ぶつ》をとることはもちろん、落《お》ちた葉《は》や枝《えだ》、どんぐりなどの木《き》の実《み》や種《たね》、石《いし》や土《つち》までも、持《も》ち帰《かえ》ることが自《し》然《ぜん》公《こう》園《えん》法《ほう》で禁《きん》止《し》されています。また、特《とく》別《べつ》保《ほ》護《ご》地《ち》区《く》以《い》外《がい》の特《とく》別《べつ》地《ち》域《いき》では、とってはいけない動《どう》植《しょく》物《ぶつ》が公《こう》園《えん》ごとに指《し》定《てい》されています。

自《し》然《ぜん》公《こう》園《えん》に行《い》くときは、環《かん》境《きょう》省《しょう》や公《こう》園《えん》のウェブサイトで地《ち》域《いき》区《く》分《ぶん》、採《さい》取《しゅ》や捕《ほ》獲《かく》をしてはいけない動《どう》植《しょく》物《ぶつ》などを確《かく》認《にん》しておきましょう。

禁《きん》止《し》なのに植《しょく》物《ぶつ》採《さい》集《しゅう》している人《ひと》がいる！

保《ほ》護《ご》エリアでは、貴《き》重《ちょう》な動《どう》植《しょく》物《ぶつ》が見《み》られます。観《かん》察《さつ》するだけならよいのですが、それらをとって育《そだ》てたり販《はん》売《ばい》したりする人《ひと》もいます。あやしい人《ひと》を見《み》かけたら、警《けい》察《さつ》や公《こう》園《えん》の管《かん》理《り》者《しゃ》に連《れん》絡《らく》しましょう。

自《し》然《ぜん》の中《なか》にあるから美《うつく》しいものもあるの。
保《ほ》護《ご》エリアから持《も》ち帰《かえ》っていいのは、思《おも》い出《で》だけよ。

犯罪《はんざい》かもファイル
まち編《へん》
22

ポチ〜〜……どこに行《い》ったの？

解説《かいせつ》は
次《つぎ》のページ

許可《きょか》をとらずにポスターをはると、はり札《ふだ》・標《ひょう》示《じ》物《ぶつ》除《じょ》去《きょ》等《とう》の罪《つみ》になる。

「軽《けい》犯《はん》罪《ざい》法《ほう》第《だい》1条《じょう》第《だい》33号《ごう》」では、勝手《かって》に他人《たにん》の家《いえ》や電信柱《でんしんばしら》などにポスターや看板《かんばん》をつけると、罪《つみ》になると決《き》められているよ。

ポスターは許可《きょか》をとってから！

大事《だいじ》なペットが行方《ゆくえ》不明《ふめい》になったら、どんなことをしても見《み》つけたいですよね。いなくなったときの情報《じょうほう》や、迷子《まいご》動物《どうぶつ》の特徴《とくちょう》を書《か》いたポスターをつくって、いろいろなところにはれば効果《こうか》がありそうです。

でも、お店《みせ》や人《ひと》の家《いえ》のへいなどに勝手《かって》にはると、軽犯罪法違反《けいはんざいほういはん》になる可能性《かのうせい》が。ポスターをはる場《ば》合《あい》は、町内《ちょうない》の掲示板《けいじばん》や動物病院《どうぶつびょういん》、スーパーマーケットやコンビニエンスストアなどに、管理者《かんりしゃ》の許可《きょか》をもらってからにしましょう。

ポスターをはるほかには、動物《どうぶつ》愛護《あいご》センターや交番《こうばん》・警察署《けいさつしょ》などに相談《そうだん》したり、連絡《れんらく》したりするとよいでしょう。

他人《たにん》がはったものを勝手《かって》にはがしてはいけない

ポスターなどを許可《きょか》なくはるのはNG《エヌジー》ですが、他人《たにん》がはったものを勝手《かって》にはがすのも同《おな》じ罪《つみ》に問《と》われます。また、へいにスプレーで落書《らくが》きをしたり、看板《かんばん》に生卵《なまたまご》やトマトなどを投《な》げつけたりしてよごすのも同罪《どうざい》です。

◆ こんなこともNG《エヌジー》！

悪意《あくい》のないポスターをはる場合《ばあい》でも、法律違反《ほうりついはん》になることがあるから注意《ちゅうい》しなさい。

解説《かいせつ》は次《つぎ》のページ

ペットを捨《す》てると、動物愛護法《どうぶつあいごほう》※に違反《いはん》する。

※動物《どうぶつ》の愛護及《あいごおよ》び管理《かんり》に関《かん》する法律《ほうりつ》

「動物愛護法第《どうぶつあいごほうだい》44条《じょう》」では、飼《か》っている動物《どうぶつ》を捨《す》てる、理由《りゆう》もなく殺《ころ》したり、傷《きず》つけたりすることは、罪《つみ》になると決《き》められているよ。

動物《どうぶつ》を捨《す》てるのは法律違反《ほうりついはん》

飼《か》えないからといって、愛護動《あいごどう》物《ぶつ》を捨《す》ててはいけません。動物《どうぶつ》を虐待《ぎゃくたい》したり捨《す》てたりすると、動物《どうぶつ》愛護法違反《あいごほういはん》になります。動物愛護《どうぶつあいご》法《ほう》は、動物《どうぶつ》の虐待《ぎゃくたい》を防《ふせ》ぎ、動物《どうぶつ》と人《ひと》がともに生《い》きていく社会《しゃかい》を目指《めざ》して、動物《どうぶつ》の習性《しゅうせい》を知《し》り、大切《たいせつ》にあつかうことを目的《もくてき》に定《さだ》められました。

◆ 愛護動物《あいごどうぶつ》とは？

上記《じょうき》のほかに、ウサギ、アヒル、ヤギ、ウマ、ヒツジも愛護動物《あいごどうぶつ》にふくまれる。

きびしくなった動物愛護法《どうぶつあいごほう》 飼《か》うときは責任《せきにん》を持《も》って

動物愛護法《どうぶつあいごほう》は2019年《ねん》に改正《かいせい》され、罰則《ばっそく》がよりきびしくなりました。悪質《あくしつ》な販売業者《はんばいぎょうしゃ》をなくすために、取《と》りあつかえる犬《いぬ》や猫《ねこ》の数《かず》を制限《せいげん》し、生《う》まれてから56日経《にちた》っていない犬《いぬ》や猫《ねこ》は販売禁止《はんばいきんし》になりました。動物《どうぶつ》をみだりに傷《きず》つけたり殺《ころ》したりしたら、5年以下《ねんいか》の懲役《ちょうえき》（➡127ページ）か500万円以下《まんえんいか》の罰金《ばっきん》、虐待《ぎゃくたい》したり捨《す》てたりしたら、1年以下《ねんいか》の懲役《ちょうえき》か100万円以下《まんえんいか》の罰金《ばっきん》です。

ほかに、ペットショップなどで販売《はんばい》される犬《いぬ》や猫《ねこ》へのマイクロチップの装着《そうちゃく》なども義務《ぎむ》づけています。1ぴき1ぴきが大切《たいせつ》な命《いのち》。最後《さいご》まで責任《せきにん》を持《も》って世話《せわ》をするのが、ペットを飼《か》うときの基本《きほん》です。

ペットは家族《かぞく》の一員《いちいん》。ペットをふくめた動物《どうぶつ》の命《いのち》と健康《けんこう》を守《まも》るのが動物愛護法《どうぶつあいごほう》なの。

犯罪《はんざい》かもファイル
まち編《へん》
24

ポチのふんくさい！ 持《も》って帰《かえ》るの面《めん》倒《どう》くさい

解説《かいせつ》は 次《つぎ》のページ

散歩中《さんぽちゅう》に飼《か》い犬《いぬ》がふんをしたにもかかわらず、放置《ほうち》したまま立《た》ち去《さ》ると、汚《お》廃《はい》物《ぶつ》投《とう》棄《き》の罪《つみ》になる。

「軽《けい》犯《はん》罪《ざい》法《ほう》第《だい》1条《じょう》第《だい》27号《ごう》」では、ごみや、鳥《とり》・けものの死体《したい》、ふけつなものを捨《す》て、多《おお》くの人《ひと》に迷惑《めいわく》をかけることは、罪《つみ》になると決《き》められているよ。

道《みち》に捨《す》ててはいけないものは？

犬《いぬ》と散歩《さんぽ》をするとき、ふんやおしっこを片《かた》づけるのは飼《か》い主《ぬし》の義《ぎ》務《む》。道《みち》にふんが落《お》ちていたり、おしっこのあとが残《のこ》っていたりしたら不衛生《ふえいせい》ですよね。路上《ろじょう》や公園《こうえん》など公共《こうきょう》の場所《ばしょ》に、ふんにょうなどの汚物《おぶつ》や廃物《はいぶつ》を捨《す》てると、人《ひと》の迷《めい》惑《わく》になるため、「汚廃物投棄《おはいぶつとうき》の罪《つみ》」に問《と》われます。ふんにょうのほか、捨《す》ててはいけない汚物《おぶつ》は、よごれた泥《どろ》、ゴキブリなどの害虫《がいちゅう》、たんやつばなどです。

　また、ごみとして処分《しょぶん》しなければならないものを廃物《はいぶつ》といいます。たとえば、ガラスや陶器《とうき》のかけら、空《あ》きかんやペットボトル、ぼろきれなど。これらも道《みち》に捨《す》てると同《おな》じ罪《つみ》に問《と》われます。

駅《えき》や電車内《でんしゃない》に捨《す》ててもダメ

路上《ろじょう》や公園《こうえん》だけでなく、駅《えき》や電《でん》車内《しゃない》などでも、人《ひと》に迷惑《めいわく》をかけるような汚物《おぶつ》や廃物《はいぶつ》を捨《す》ててはいけません。たとえば、動物《どうぶつ》のエサにする幼虫《ようちゅう》（ミールワーム）を電車《でんしゃ》内《ない》にまき散《ち》らしたりしたら、汚廃《おはい》物投棄《ぶつとうき》の罪《つみ》に問《と》われます。

◆こんなものは捨《す》ててはダメ！

自分《じぶん》が道《みち》ばたで見《み》て気分《きぶん》の悪《わる》いものは捨《す》てないことね。

いつもポケットに入《い》れてるよ〜

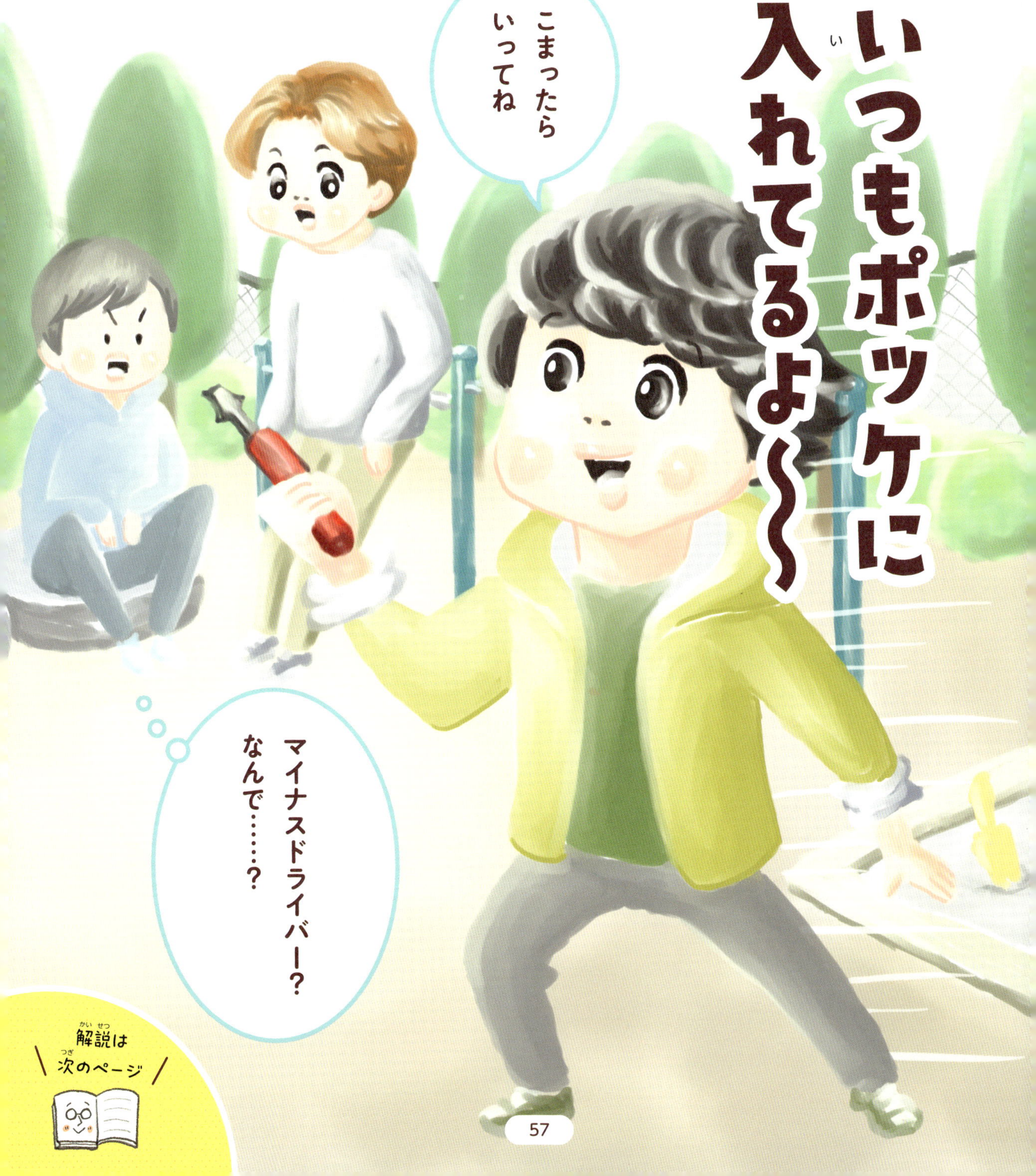
こまったらいってね
マイナスドライバー？なんで……？

解説《かいせつ》は次《つぎ》のページ

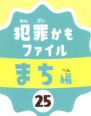

正当《せいとう》な理由《りゆう》なくマイナスドライバーを持《も》ち歩《ある》いていると、侵入具携帯《しんにゅうぐけいたい》の罪《つみ》になる。

「軽犯罪法第《けいはんざいほうだい》1条第《じょうだい》3号《ごう》」では、きちんとした理由《りゆう》もないのに、他人《たにん》の家《いえ》などに侵入《しんにゅう》するのに使《つか》えそうな道具《どうぐ》を持《も》っていると、罪《つみ》になると決《き》められているよ。

マイナスドライバー持《も》ち歩《ある》いちゃダメ？

理由《りゆう》もなくマイナスドライバーやバールなどをかくし持《も》っていると、「侵入具携帯《しんにゅうぐけいたい》の罪《つみ》」に問《と》われるかもしれません。これらの器具《きぐ》をはじめ、ピッキング用具《ようぐ》、ドリルなどは、他人《たにん》の家《いえ》にしのびこむときに使《つか》われる可能性《かのうせい》があります。住居侵入《じゅうきょしんにゅう》だけでなく、強盗《ごうとう》などに発展《はってん》する危険《きけん》もあり、そういう犯罪《はんざい》を防《ふせ》ぐため、かくし持《も》つことを取《と》りしまっているのです。

ただ、自動車整備士《じどうしゃせいびし》がドライバーをバッグに入《い》れる、自転車《じてんしゃ》がこわれたからペンチをポケットに入《い》れるなど、ちゃんとした理由《りゆう》があれば罪《つみ》に問《と》われません。目的《もくてき》もなくマイナスドライバーなどを持《も》ち歩《ある》くのはやめましょう。

理由《りゆう》なく持《も》ち歩《ある》いてはいけないもの

マイナスドライバーやペンチをはじめ、ハンマー、はしご、なわ、懐中電灯《かいちゅうでんとう》など、住居侵入《じゅうきょしんにゅう》に使《つか》えそうなものは、取《と》りしまりの対象《たいしょう》となります。ただ、帰《かえ》りが暗《くら》くなるため懐中電灯《かいちゅうでんとう》を持《も》っている、などの場合《ばあい》は、ちゃんとした理由《りゆう》となるので罪《つみ》に問《と》われません。

◆理由《りゆう》なく持《も》ち歩《ある》いてはいけない工具《こうぐ》

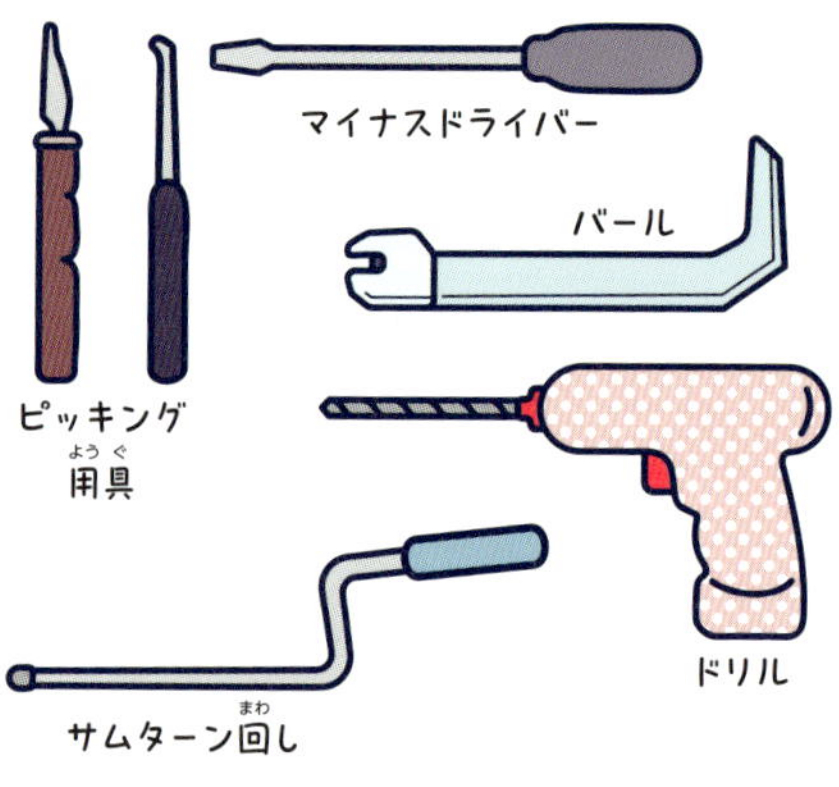

使《つか》う予定《よてい》もないのにマイナスドライバーなんか持《も》ち歩《ある》かないとは思《おも》うけど……。

くわしく学《まな》ぼうゼミナール

テミスは
わたしのことよ！

テミスさんのこと教《おし》えて

中央大学《ちゅうおうだいがく》・多摩《たま》キャンパスのテミス像《ぞう》

テミスは正義《せいぎ》の女神《めがみ》

テミス（テーミス）は、ギリシャ神話《しんわ》に出《で》てくる正義《せいぎ》の女神《めがみ》です。剣《けん》と天秤《てんびん》を持《も》っています。ヨーロッパでは、まちかどでも見《み》られることがあります。日本《にほん》でも最高裁判所《さいこうさいばんしょ》や大《だい》学《がく》、法律事務所《ほうりつじむしょ》などに設置《せっち》されています。

目《め》かくしをしている像《ぞう》もありますが、それは「見《み》かけに左右《さゆう》されず真実《しんじつ》を公平《こうへい》に見《み》ぬくこと」を意味《いみ》します。していない像《ぞう》は、逆《ぎゃく》に「しっかりと目《め》を開《ひら》き真実《しんじつ》を見《み》ぬくこと」を意味《いみ》します。

天秤《てんびん》は公正《こうせい》・平等《びょうどう》を
意味《いみ》しています

もっと
くわしく

弁護士《べんごし》バッジ

天秤《てんびん》は弁護士《べんごし》バッジの中央《ちゅうおう》にもえがかれています。公正《こうせい》と平等《びょうどう》のシンボルなのです。

六法《ろっぽう》って聞《き》いたことあるかな？

法律《ほうりつ》って？ 六法《ろっぽう》って？

法律《ほうりつ》とは？

法律《ほうりつ》とは、国《くに》によって定《さだ》められた社会《しゃかい》のルールのこと。たとえば「信号《しんごう》にしたがう」「他人《たにん》のものをぬすんだら罪《つみ》になる」といったことは法律《ほうりつ》に書《か》かれていて、事故《じこ》や犯罪《はんざい》を未然《みぜん》に防《ふせ》ぐ働《はたら》きをしています。

日本《にほん》には右《みぎ》にあげた６つの重要《じゅうよう》な法律《ほうりつ》があり、これらを合《あ》わせて「六法《ろっぽう》」といいます。六法以外《ろっぽういがい》にも「道路交通法《どうろこうつうほう》」や「著作権法《ちょさくけんほう》」など、たくさんの法律《ほうりつ》があり、必要《ひつよう》に応《おう》じて国会《こっかい》で新《あたら》しくつくられています。

日本国憲法《にほんこくけんぽう》と、右《みぎ》の５つの法律《ほうりつ》を合《あ》わせて１さつにまとめたものが六法全書《ろっぽうぜんしょ》なんだ。

六法《ろっぽう》

刑事訴訟法《けいじそしょうほう》
刑法《けいほう》をおかした人《ひと》の裁判《さいばん》について定《さだ》めた法律《ほうりつ》

民事訴訟法《みんじそしょうほう》
もめごとを解決《かいけつ》するための裁判《さいばん》について定《さだ》めた法律《ほうりつ》

商法《しょうほう》
商取《しょうと》り引《ひ》きの基本的《きほんてき》なルールを定《さだ》めた法律《ほうりつ》

刑法《けいほう》
何《なに》が犯罪《はんざい》にあたり、どんな罰《ばつ》をあたえるかを定《さだ》めた法律《ほうりつ》

民法《みんぽう》
家族《かぞく》や財産《ざいさん》のもめごとを解決《かいけつ》するための法律《ほうりつ》

日本国憲法《にほんこくけんぽう》
すべての法律《ほうりつ》のもととなる国《くに》の「最高法規《さいこうほうき》」

もっと くわしく

この本《ほん》でおもに登場《とうじょう》するのは「刑法《けいほう》」と「軽犯罪法《けいはんざいほう》」

軽犯罪法《けいはんざいほう》とは、日常生活《にちじょうせいかつ》における比較的軽《ひかくてきかる》い違法行為《いほうこうい》の中《なか》から、このようなことをすると罪《つみ》になりますと定《さだ》めた法律《ほうりつ》です。自分《じぶん》のすることが、だれかの迷惑《めいわく》にならないか、いつも考《かんが》えるようにしましょう。

犯《はん》罪《ざい》かもファイル

友《とも》だち編《へん》

次《つぎ》のA～Cはそれぞれ犯罪《はんざい》になる？　ならない？

A

友《とも》だちのひみつをいいふらす。

B

バナナの皮《かわ》を道《みち》に投《な》げる。

C

友《とも》だちの写《うつ》っている写真《しゃしん》をネット上《じょう》に無断《むだん》でアップする。

こたえ

A → 68ページ　B → 76ページ　C → 70ページ

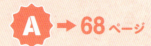

犯罪《はんざい》かもファイル
友《とも》だち編《へん》 1

借《か》りたマンガはオレのもの！

マンガ返《かえ》してよ！
オレの部屋《へや》にあるからもうオレのものだ

解説《かいせつ》は次《つぎ》のページ

借《か》りたマンガを返《かえ》さずに、自分《じぶん》のものにしようとすると、横領罪《おうりょうざい》になる。

「刑法第《けいほうだい》252条《じょう》」では、自分《じぶん》が保管《ほかん》している他人《たにん》のものを、返《かえ》さずに、勝手《かって》に自分《じぶん》のものにすると罪《つみ》になると決《き》められているよ。

借《か》りたものを返《かえ》さないと…

人《ひと》から借《か》りたものは、返《かえ》すのが当《あ》たり前《まえ》。それを返《かえ》さずに自分《じぶん》のものにすると、「横領罪《おうりょうざい》」になります。借《か》りた本《ほん》を古書店《こしょてん》などに売《う》るのも横領罪《おうりょうざい》です。また、返《かえ》すつもりがないのに「あとで返《かえ》すから」とウソをついて借《か》りると詐欺罪《さぎざい》（刑法第《けいほうだい》２４６条《じょう》）に。

借《か》りたものをなくすか、よごしてしまったら？

借《か》りたものをなくしてしまい、返《かえ》せなくなったら、持《も》ち主《ぬし》から損《そん》害賠償《がいばいしょう》を求《もと》められることがあります。同《おな》じものを買《か》って返《かえ》すか、同《おな》じものが買《か》えるだけの金額《きんがく》を支《し》はらわなければいけません。

また、借《か》りたものを不注意《ふちゅうい》でよごしてしまった場合《ばあい》は、同《おな》じものを買《か》うなどして弁償《べんしょう》しなければなりません。人《ひと》から借《か》りたものは適《てき》切《せつ》に使《つか》う義務《ぎむ》があると、民法《みんぽう》で定《さだ》められているからです。

ただ、借《か》りたものをなくしたときもうっかりよごしたときも、まずは正直《しょうじき》に持《も》ち主《ぬし》に伝《つた》えてあやまりましょう。どのように弁償《べんしょう》するかは、そのあと話《はな》し合《あ》って決《き》めましょう。

人《ひと》から借《か》りたものは、借《か》りたままの状態《じょうたい》で返《かえ》すものよ。

犯罪《はんざい》かもファイル 友《とも》だち編《へん》 2

ゲームのID《アイディー》とパスワードを教《おし》えてよ

こっそりアイテムとってやろう
やさしいな～♥
レベルアップ手伝ってあげるよ
IDとパスワード教えて
神～♡

解説《かいせつ》は次《つぎ》のページ

他人《たにん》のID《アイディー》とパスワードを使《つか》ってログインするのは、不正《ふせい》アクセス禁止法《きんしほう》※違反《いはん》になる。

※不正《ふせい》アクセス行為《こうい》の禁止等《きんしとう》に関《かん》する法律《ほうりつ》

「不正《ふせい》アクセス禁止法第《きんしほうだい》３条《じょう》」では、アクセスする権限《けんげん》がない人《ひと》が、ID《アイディー》やパスワードを不正《ふせい》に利用《りよう》するなどして、電子機器《でんしきき》にアクセスすることを禁《きん》じているよ。

不正《ふせい》アクセスってどんなこと？

他人《たにん》のID《アイディー》やパスワードでアクセスすると、「なりすまし行為《こうい》」として不正《ふせい》アクセス禁止法違反《きんしほういはん》で罰《ばっ》せられます。絶対《ぜったい》にやめましょう。

あなたが不正《ふせい》アクセスの被害《ひがい》にあわないためには、ID《アイディー》やパスワードを他人《たにん》に教《おし》えないだけでなく、生年月日《せいねんがっぴ》など推測《すいそく》されやすいパスワードを設定《せってい》しないことです。

◆パスワードのルール

① 生年月日《せいねんがっぴ》や名前《なまえ》、1111など かんたんな数字《すうじ》の並《なら》びにしない。

② 同《おな》じパスワードを使《つか》いまわさない。

③ 仲《なか》のいい友《とも》だちにも教《おし》えない。

小学生《しょうがくせい》が摘発《てきはつ》されることも⁉

インターネットの世界《せかい》では、アカウントは家《いえ》、ID《アイディー》は住所《じゅうしょ》、パスワードは家《いえ》のカギにたとえられるくらい大事《だいじ》な個人情報《こじんじょうほう》です。

人《ひと》に知《し》られてしまうと、パスワードを変《か》えられ、アカウントを乗《の》っ取《と》られてしまうことがあります。そして、ポイントやアイテムをぬすまれたり、写真《しゃしん》などの個人《こじん》情報《じょうほう》をばらまかれたりすることも。

一方《いっぽう》、ゲームやSNS《エスエヌエス》での不正《ふせい》アクセスは、子《こ》どもでもできてしまうことから、小学生《しょうがくせい》が加害者《かがいしゃ》となり、摘発《てきはつ》されたことがあります。親《した》しいゲーム仲間《なかま》や仲《なか》よしの友《とも》だちでも、ID《アイディー》やパスワードは絶対《ぜったい》に教《おし》えてはいけません。自分《じぶん》が聞《き》きだしてもいけません。

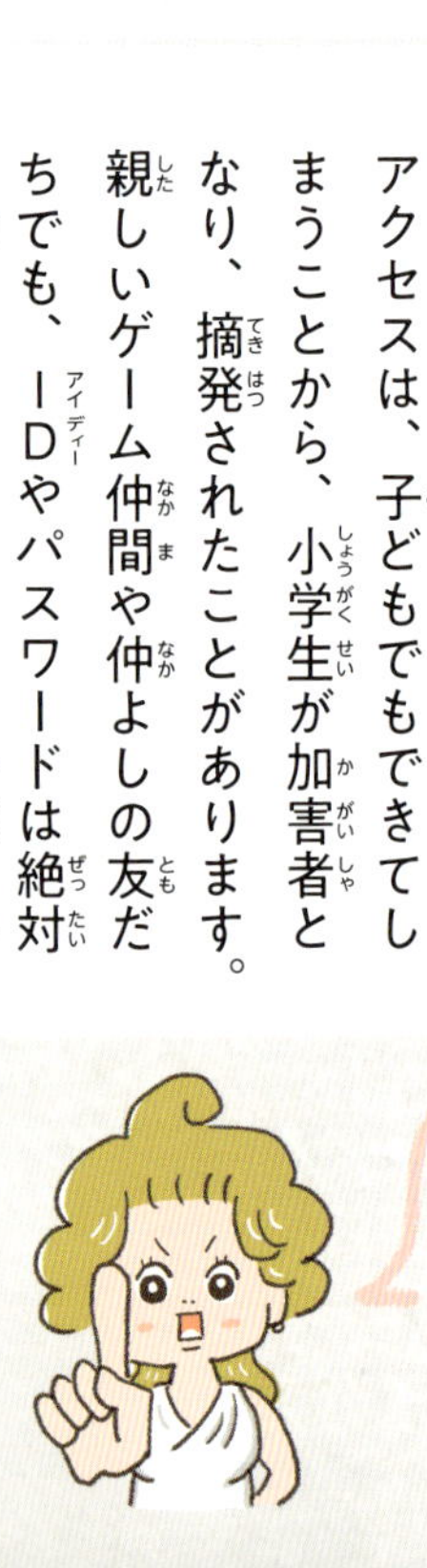

他人《たにん》の家《いえ》に勝手《かって》に入《はい》ると犯罪《はんざい》になるように、インターネットでも他人《たにん》のID《アイディー》でログインするのは犯罪《はんざい》よ！

犯罪《はんざい》かもファイル
友《とも》だち編《へん》
3

絶対《ぜったい》にいわないでっていわれたんだけど……

解説《かいせつ》は次《つぎ》のページ

友《とも》だちのひみつをいいふらすと、プライバシー権《けん》の侵害《しんがい》になる。

だれでも他人《たにん》には知《し》られたくないひみつや、家族《かぞく》・住所《じゅうしょ》などの私生活《しせいかつ》の情報《じょうほう》があり、これらをプライバシーというよ。

プライバシー権《けん》って何《なに》？

どんな人《ひと》でも、プライバシーにかかわる情報《じょうほう》を他人《たにん》に知《し》られてしまったら、安心《あんしん》して生活《せいかつ》できません。そのため、プライバシーを守《まも》りたいという人《ひと》たちがかつて裁判《さいばん》をおこして、プライバシー権《けん》が認《みと》められるようになりました。

プライバシー権《けん》は、憲法《けんぽう》や法律《ほうりつ》の条文《じょうぶん》にははっきり記《しる》されていません。「すべての国民《こくみん》は幸福《こうふく》を求《もと》める権利《けんり》がある」という日本国憲法《にほんこくけんぽう》第《だい》13条《じょう》の幸福追求権《こうふくついきゅうけん》がもとになって認《みと》められている権利《けんり》です。

うわさ話《ばなし》でも、SNS《エスエヌエス》上《じょう》でも、他人《たにん》のひみつをいいふらしてはいけません。プライバシー権《けん》の侵害《しんがい》となり、損害賠償《そんがいばいしょう》の義務《ぎむ》を負《お》うことになるかもしれません。

プライバシー権《けん》の侵害《しんがい》かどうかはどう判断《はんだん》するの？

次《つぎ》の3つを満《み》たしている情報《じょうほう》を公開《こうかい》すると、プライバシー権《けん》をおかしているとされています。

①
私生活上《しせいかつじょう》の事実《じじつ》、事実《じじつ》のように受《う》け取《と》られる可能性《かのうせい》があることがらであること。

②
当事者《とうじしゃ》の立場《たちば》に立《た》った場合《ばあい》、公開《こうかい》してほしくないこと、公開《こうかい》されることで不安《ふあん》に感《かん》じるようなことがらであること。

③
いっぱんの人《ひと》にまだ知《し》られていないことがらであること。

あなたは、自分《じぶん》だけのひみつを持《も》ってる？
それを保護《ほご》して、安心《あんしん》して暮《く》らすために
プライバシー権《けん》があるのね。

犯罪《はんざい》かもファイル
友《とも》だち編《へん》 4

この写真《しゃしん》、S《エス》N《エヌ》S《エス》にあげちゃお

解説《かいせつ》は
次《つぎ》のページ

友《とも》だちや知《し》り合《あ》いが写《うつ》っている写真《しゃしん》をネット上《じょう》に無断《むだん》でアップすると、肖像権《しょうぞうけん》の侵害《しんがい》になる。

自分《じぶん》の顔《かお》や姿《すがた》を無断《むだん》で撮影《さつえい》されたり、公開《こうかい》されたりしない権利《けんり》を肖像権《しょうぞうけん》というよ。
肖像権《しょうぞうけん》はプライバシーの権利《けんり》の一部《いちぶ》でもあるんだ。

それ、肖像権《しょうぞうけん》の侵害《しんがい》です！

自分《じぶん》の顔《かお》や姿《すがた》を無断《むだん》で他人《たにん》に撮《さつ》影《えい》されたり、公表《こうひょう》されたりしない権利《けんり》のことを肖像権《しょうぞうけん》といいます。

たとえば、本人《ほんにん》の許可《きょか》なしに顔《かお》や姿《すがた》を撮影《さつえい》する行為《こうい》や、顔《かお》や姿《すがた》の写真《しゃしん》をSNS《エスエヌエス》などに無断《むだん》で公開《こうかい》する行為《こうい》は、肖像権《しょうぞうけん》の侵害《しんがい》にあたります。このような行為《こうい》をしてうったえられたら、損害賠償《そんがいばいしょう》が発生《はっせい》する可能性《かのうせい》もあります。

仲《なか》のいい友《とも》だちでも、写真《しゃしん》や動《どう》画《が》をSNS《エスエヌエス》にアップする前《まえ》に、必《かなら》ず確認《かくにん》を取《と》りましょう。

反対《はんたい》に、自分《じぶん》の写真《しゃしん》や動画《どうが》を勝《かっ》手《て》にSNS《エスエヌエス》上《じょう》に公開《こうかい》されたときは、肖像権《しょうぞうけん》の侵害《しんがい》として、それを削除《さくじょ》するよう求《もと》めることができることも知《し》っておきましょう。

肖像権《しょうぞうけん》の侵害《しんがい》にならない写真《しゃしん》とは？

たとえば、「顔《かお》にモザイクがかかっている」「顔以外《かおいがい》の手《て》や足《あし》などだけが写《うつ》っている」「路上《ろじょう》やお祭《まつ》りなどでたまたま通行人《つうこうにん》の横顔《よこがお》などがぼやけて写《うつ》っている」など、だれの写真《しゃしん》かわからない場合《ばあい》は肖《しょう》像権《ぞうけん》の侵害《しんがい》になりません。SNS《エスエヌエス》にアップしてもだいじょうぶです。

◆ 肖像権《しょうぞうけん》の侵害《しんがい》にならない例《れい》

顔《かお》にモザイクをかけている。

遊園地《ゆうえんち》の行楽風景《こうらくふうけい》でたまたま来園者《らいえんしゃ》として写《うつ》りこんでいて、だれか特定《とくてい》できない。

SNS《エスエヌエス》に公開《こうかい》したら世界中《せかいじゅう》の人《ひと》が見《み》たり利用《りよう》したりできるの。あなたの変顔《へんがお》を世界中《せかいじゅう》の人《ひと》が見《み》ているシーンを想像《そうぞう》してみて。

犯罪《はんざい》かもファイル
友《とも》だち編《へん》
5
1対《たい》1で正《せい》々《せい》堂《どう》々《どう》
やりあおうぜ!!
決着《けっちゃく》つけてやるよ
学校《がっこう》が終《お》わったら、
公園《こうえん》に来《こ》いよ

解説《かいせつ》は
次《つぎ》のページ

相手《あいて》と同意《どうい》した上《うえ》で戦《たたか》ったら、決闘罪《けっとうざい》になる。

「決闘罪《けっとうざい》ニ関《かん》スル件《けん》第《だい》２条《じょう》」では、相手《あいて》と合意《ごうい》の上《うえ》で、たがいに暴力《ぼうりょく》で争《あらそ》い戦《たたか》うと、罪《つみ》になると決《き》められているよ。

ケンカの約束《やくそく》だけで法律違反《ほうりついはん》!?

2人《ふたり》以上《いじょう》で日時《にちじ》や場所《ばしょ》を決《き》め、ケンカなどの争《あらそ》いをすることを決闘《けっとう》といいます。実際《じっさい》にケンカをした場合《ばあい》だけでなく、ケンカをいどんだり、受《う》けたりしただけでも罪《つみ》になります。また、立《た》ち会《あ》った人《ひと》や、見物《けんぶつ》した人《ひと》、ケンカの場所《ばしょ》を提供《ていきょう》した人《ひと》も罪《つみ》に問《と》われ、それぞれに罰則《ばっそく》があります。

◆決闘罪《けっとうざい》で罪《つみ》に問《と》われる人《ひと》
立《た》ち会《あ》った人《ひと》
見物《けんぶつ》した人《ひと》
場所《ばしょ》を提供《ていきょう》した人《ひと》
ケンカをいどんだ人《ひと》
受《う》けた人《ひと》

ケンカを断《ことわ》って臆病者《おくびょうもの》といわれたら？

ケンカなどの暴力《ぼうりょく》で問題《もんだい》を解決《かいけつ》しようとしてはいけません。ケンカをいどまれても、勇気《ゆうき》を出《だ》して断《ことわ》りましょう。そのことでバカにしたり、臆病者《おくびょうもの》といってきたりする人《ひと》がいたら、その人《ひと》は名誉毀損《めいよきそん》罪《ざい》に問《と》われます。

やーい 臆病者《おくびょうもの》！
ちがうもん
オロ
オロ

決闘罪《けっとうざい》は明治時代《めいじじだい》、果《は》たし合《あ》いを防《ふせ》ぐためにつくられた法律《ほうりつ》よ。プロレスやボクシングの試合《しあい》は決闘罪《けっとうざい》にはならないわ。

犯罪《はんざい》かもファイル
友《とも》だち編《へん》
6

あいつのうわばき、かくしてやろう

解説《かいせつ》は次《つぎ》のページ

他人《たにん》の持《も》ち物《もの》をかくしたり、こわしたりすると、器物損壊罪《きぶつそんかいざい》になる。

「刑法第《けいほうだい》261条《じょう》」では、他人《たにん》のものをこわしたり、使《つか》えないようにしたり、傷《きず》をつけたりすると、罪《つみ》になると決《き》められているよ。

いじめも罪《つみ》！ 絶対《ぜったい》ダメ

悪《わる》ふざけのつもりでも、いじめは決《けっ》してやってはいけません。多《おお》くのいじめが罪《つみ》になります。たとえば、たたく、ける、ぶつかるなどは「傷害罪《しょうがいざい》」。服《ふく》をぬがすなどのいやがらせや、危険《きけん》なことをさせると「強要罪《きょうようざい》」。お金《かね》をたかると「恐喝罪《きょうかつざい》」、お金《かね》やものをかくす、ぬすむ、こわすと「窃盗罪《せっとうざい》」や「器物損壊罪《きぶつそんかいざい》」になります。

いじめられている子《こ》がいたら？

いじめは、いじめられるほうは何《なに》も悪《わる》くありません。いじめられている子《こ》がいたら、声《こえ》をかけて話《はなし》を聞《き》いてみましょう。「あなたも悪《わる》いんじゃない？」と否定《ひてい》するようなことは決《けっ》していわないこと。なやんでいたら、教育委員会《きょういくいいんかい》などが運営《うんえい》している「24時間子供《じかんこども》S《エス》O《オー》S《エス》ダイヤル：0120-0-78310《なやみいおう》」に電話《でんわ》するのもひとつの方法《ほうほう》です。

傷害罪《しょうがいざい》
遊《あそ》ぶふりをしてたたいたりけったりぶつかったりする。

強要罪《きょうようざい》
おどして高《たか》いところから飛《と》び降《お》りさせる。

恐喝罪《きょうかつざい》
お金《かね》をおどし取《と》ったり、ゲームのアイテムなどを買《か》わせる。

いじめでなやんでいる子《こ》がいたら、そっと話《はなし》を聞《き》いてあげてね。

犯罪《はんざい》かもファイル
友《とも》だち編《へん》
7

バナナの皮《かわ》で、ころぶか実験《じっけん》だ！

解説《かいせつ》は
次《つぎ》のページ

バナナの皮《かわ》を道《みち》に投《な》げると、危《き》険《けん》物《ぶつ》投《とう》注《ちゅう》等《とう》の罪《つみ》になる。

「**軽《けい》犯《はん》罪《ざい》法《ほう》第《だい》１条《じょう》第《だい》11号《ごう》**」では、他《ほか》の人《ひと》や財産《ざいさん》に害《がい》をおよぼすおそれのある公園《こうえん》や道《みち》などに、注意《ちゅうい》をはらわないでものを投《な》げ捨《す》てたり、まき散《ち》らしたりすると、罪《つみ》になると決《き》められているよ。

バナナ以外《いがい》にはどんなものがいけないの？

路上《ろじょう》に空《あ》きビンやガラスの破片《はへん》をまき散《ち》らす、ビルなどの高《たか》いところからものを落《お》とす、公園《こうえん》に向《む》けてロケット花火《はなび》を発射《はっしゃ》させるなど、まわりの安全《あんぜん》に気《き》を使《つか》わずに、人《ひと》を危険《きけん》なめにあわせるおそれのあることを行《おこな》うと、軽犯罪法《けいはんざいほう》の「危険物投注等《きけんぶつとうちゅうとう》の罪《つみ》」になります。

刑法《けいほう》や特別法《とくべつほう》が適用《てきよう》されることも

路上《ろじょう》や公園《こうえん》だけでなく、プールや海水浴場《かいすいよくじょう》、電車《でんしゃ》やバスの車内《しゃない》など人《ひと》のいるところで、危険《きけん》なものを投《な》げたり落《お》としたりする行為《こうい》は、ただのいたずらではすまされません。もし事故《じこ》につながった場合《ばあい》は、軽犯罪法《けいはんざいほう》ではなく、刑法《けいほう》や特別法《とくべつほう》が適用《てきよう》される場合《ばあい》もあります。

人《ひと》にけがを負《お》わせてしまったら「傷害罪《しょうがいざい》」、ものをこわしたら「器物損壊罪《きぶつそんかいざい》」、そして、わざとでなくても命《いのち》にかかわる重大《じゅうだい》な事故《じこ》を引《ひ》き起《お》こした場合《ばあい》は、「過失致死傷罪《かしつちししょうざい》」という刑法《けいほう》が適用《てきよう》されます。

また、路上《ろじょう》にガラスや金属《きんぞく》のかけらなどをまいたり、走《はし》る車《くるま》の中《なか》から投《な》げたりした場合《ばあい》は、道路交通法《どうろこうつうほう》という特別法違反《とくべついはん》となります。

バナナの皮《かわ》ですべったらけがをするわ。打《う》ちどころが悪《わる》かったら……。

犯罪《はんざい》かもファイル
友《とも》だち編《へん》
8

貸《か》してたゲームだから、返《かえ》してもらおう

解説《かいせつ》は次《つぎ》のページ

自分《じぶん》のゲームでも貸《か》した人《ひと》から勝手《かって》に取《と》り返《かえ》すことは、法律《ほうりつ》で原則禁止《げんそくきんし》されている。

「民法第《みんぽうだい》180条《じょう》」は、ものを実際《じっさい》に持《も》っている人《ひと》に、そのものに対《たい》して占有権《せんゆうけん》という権利《けんり》を認《みと》めているよ。だから、自分《じぶん》が貸《か》したものであっても、相手《あいて》に占有権《せんゆうけん》があるから勝手《かって》に取《と》り返《かえ》すことは許《ゆる》されないんだ。

借《か》りた人《ひと》が守《まも》られるって⁉

自分《じぶん》のゲームなのだから、だまって持《も》ち帰《かえ》ってもかまわない？　いいえ、じつはダメなのです。たとえ持《も》ち主《ぬし》でも、人《ひと》に貸《か》したものを勝手《かって》に持《も》ち帰《かえ》ることは、法律《ほうりつ》で禁止《きんし》されています。

自分《じぶん》のものでも、それをいま持《も》っている人《ひと》（借《か》りた人《ひと》）に、そのものに対《たい》する「占有権《せんゆうけん》」があるからです。

自分《じぶん》のものでもだまって持《も》ち帰《かえ》ると、窃盗罪《せっとうざい》になります（刑法第《けいほうだい》242条《じょう》）。

返《かえ》してほしければ、貸《か》した相手《あいて》と直接《ちょくせつ》、交渉《こうしょう》すること。それでも貸《か》したものを返《かえ》してくれなければ、まわりのおとなに相談《そうだん》しましょう。

なぜ取《と》り返《かえ》してはいけないの？

貸《か》したものは、相手《あいて》ときちんと話《はなし》をした上《うえ》で返《かえ》してもらう。このルールが守《まも》られなければ、力《ちから》のある人《ひと》が「これは自分《じぶん》のものだ」と主張《しゅちょう》して、勝手《かって》に取《と》る可能性《かのうせい》があります。そうなると社会《しゃかい》が混乱《こんらん》してしまうので、自分《じぶん》だけの判断《はんだん》で取《と》り返《かえ》すことが禁《きん》じられているのです。

とくにお金《かね》の貸《か》し借《か》りはしないほうがいいわ。

くわしく学《まな》ぼうゼミナール

少年法《しょうねんほう》と適用年齢《てきようねんれい》って？

少年法《しょうねんほう》とは？

少年法《しょうねんほう》は、罪《つみ》をおかした少年《しょうねん》を罰《ばっ》するのではなく、自分《じぶん》の行《おこな》いを反省《はんせい》し、社会《しゃかい》の中《なか》でやり直《なお》せるよう導《みちび》くことを目的《もくてき》としています。そのため、少年《しょうねん》の犯罪《はんざい》については、おとなと別《べつ》の取《と》りあつかいを定《さだ》めています。対象年齢《たいしょうねんれい》は20歳未満《さいみまん》ですが、18・19歳《さい》は特定少年《とくていしょうねん》として、17歳以下《さいいか》よりきびしいとりあつかいとなります。

もっとくわしく　なぜ18・19歳《さい》は少年法《しょうねんほう》が適用《てきよう》されるの？

成年年齢《せいねんねんれい》は昔《むかし》から満《まん》20歳《さい》をむかえたときと定《さだ》められていましたが、民法《みんぽう》が改正《かいせい》され、2022年《ねん》4月《がつ》から満《まん》18歳《さい》に引《ひ》き下《さ》げられました。選挙権《せんきょけん》についても同様《どうよう》です。公職選挙法《こうしょくせんきょほう》の改正《かいせい》により、2016年《ねん》6月《がつ》から一足先《ひとあしさき》に、満《まん》18歳《さい》より選挙権《せんきょけん》が認《みと》められています。18・19歳《さい》にもおとなとしての権利《けんり》が認《みと》められるかわりに、責任《せきにん》を持《も》って社会《しゃかい》に参加《さんか》することが求《もと》められています。

それでは、少年法《しょうねんほう》の適用年齢《てきようねんれい》も民法《みんぽう》と同《おな》じように、18・19歳《さい》は適用《てきよう》せず、17歳以下《さいいか》にすべきかというとそうではありません。少年法《しょうねんほう》をふくむ刑事法《けいじほう》は、罪《つみ》をおかした人《ひと》に刑務所《けいむしょ》に行《い》くなど刑罰《けいばつ》をあたえる法律《ほうりつ》です。18・19歳《さい》は、ものごとの善悪《ぜんあく》を正《ただ》しく判断《はんだん》して、自分《じぶん》の行動《こうどう》をおさえるには、心身《しんしん》ともに十分成長《じゅうぶんせいちょう》しているとはいえません。そのため罪《つみ》をあたえる刑事法《けいじほう》としては、おとなとしてではなく、少年《しょうねん》として取《と》りあつかうのが適切《てきせつ》と考《かんが》えられているのです。

くわしく学《まな》ぼうゼミナール

おとなと子《こ》どもで
ちがいがあるんだ

罪《つみ》をおかしたら子《こ》どもも罰《ばつ》を受《う》けるの？

逮捕《たいほ》されたら未成年《みせいねん》は少年院《しょうねんいん》に

おとなは逮捕《たいほ》されて、地方《ちほう》（簡易《かんい》）裁判所《さいばんしょ》で実刑《じっけい》の有罪《ゆうざい》になると、刑務所《けいむしょ》に送《おく》られます。これに対《たい》して、20歳未満《さいみまん》が逮捕《たいほ》されると、必《かなら》ず家庭裁判所《かていさいばんしょ》に送《おく》られ、専門家《せんもんか》の指導《しどう》のもとで、どう対処《たいしょ》するか判断《はんだん》されます。保護観察《ほごかんさつ》になるとふだんの生活《せいかつ》を送《おく》れますが、少年院《しょうねんいん》や自《じ》立支援施設《りつしえんしせつ》に送《おく》られることもあります。これらは、社会《しゃかい》にもどって立《た》ち直《なお》り、自立《じりつ》して生《い》きていくための施設《しせつ》なので、教官《きょうかん》の監督《かんとく》・指導《しどう》のもと、勉強《べんきょう》をしたり職業訓練《しょくぎょうくんれん》を受《う》けたりします。

また、14歳《さい》に満《み》たない少年《しょうねん》の場合《ばあい》は、十分《じゅうぶん》な責任能力《せきにんのうりょく》がないため、その行《おこな》いは罰《ばっ》しないと定《さだ》められています（刑法第《けいほうだい》41条《じょう》）。したがって、犯罪《はんざい》として罪《つみ》に問《と》われることはありませんが、内容《ないよう》によっては児童相談所《じどうそうだんじょ》の措置《そち》や家庭裁判所《かていさいばんしょ》の保護処分《ほごしょぶん》を受《う》けることがあります。

◆ 少年事件《しょうねんじけん》の手続《てつづ》き

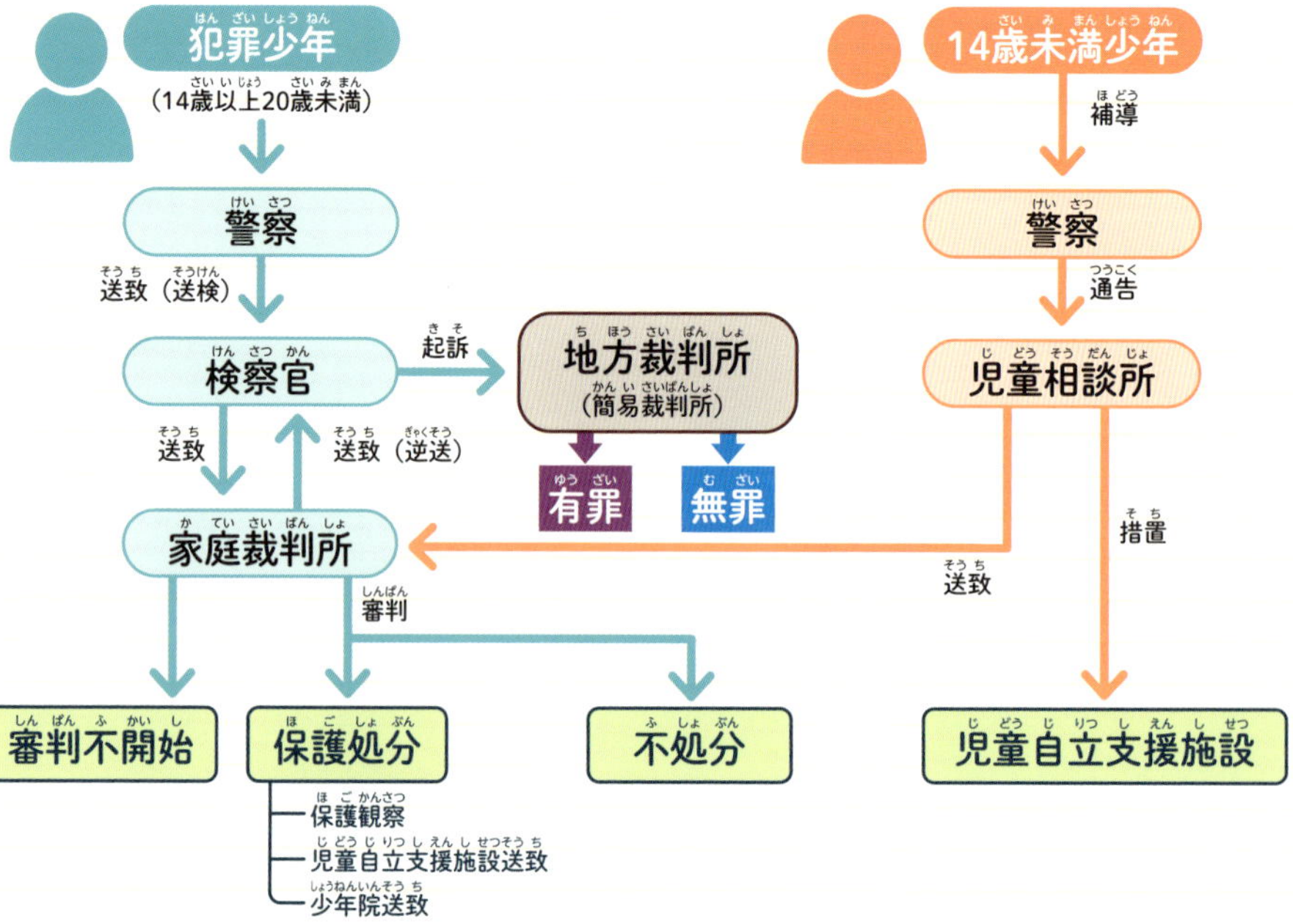

犯《はん》罪《ざい》かもファイル

学《がっ》校《こう》編《へん》

次《つぎ》のA～Cはそれぞれ犯罪《はんざい》になる？　ならない？

A

学校《がっこう》のテストでカンニングをする。

B

卒業式《そつぎょうしき》でいたずらをする。

C

他人《たにん》あての手紙《てがみ》の封《ふう》を開《あ》ける。

こたえ

A → 90ページ　B → 86ページ　C → 88ページ

犯罪《はんざい》かもファイル

学校《がっこう》編《へん》 1

落書《らくが》きして思《おも》い出《で》を残《のこ》そう

解説《かいせつ》は次《つぎ》のページ

文化財《ぶんかざい》に落書《らくが》きをすると、文化財保護法違反《ぶんかざいほごほういはん》になる。

「文化財保護法第《ぶんかざいほごほうだい》195・196条《じょう》」では、文化財《ぶんかざい》をよごしたり、こわしたりすると、罪《つみ》になると決《き》められているよ。

文化財《ぶんかざい》への落書《らくが》きは重《おも》い罪《つみ》

もし、他人《たにん》の持《も》ち物《もの》をわざとこわしたり、落書《らくが》きでよごすようなことをすると、刑法第《けいほうだい》２６１条《じょう》により器物損壊罪《きぶつそんかいざい》になります。他人《たにん》の家《いえ》や建物《たてもの》だったら刑法第《けいほうだい》２６０条《じょう》により建造物損壊罪《けんぞうぶつそんかいざい》になります。また、公園《こうえん》やガードレール、電柱《でんちゅう》や線路《せんろ》などに落書《らくが》きすることも、器物損壊罪《きぶつそんかいざい》になります。

神社《じんじゃ》や寺《てら》などは、建物自体《たてものじたい》が、国《くに》や地域《ちいき》で保護《ほご》している文化財《ぶんかざい》である場合《ばあい》があります。こうした文化財《ぶんかざい》に落書《らくが》きをしたり、傷《きず》をつけたりすると、「文化財保護法《ぶんかざいほごほう》」という別《べつ》の法律《ほうりつ》で裁《さば》かれ、器物損壊罪《きぶつそんかいざい》や建造物損壊罪《けんぞうぶつそんかいざい》よりも重《おも》い罪《つみ》に問《と》われます。国民《こくみん》みんなの貴重《きちょう》な財産《ざいさん》だからです。

海外《かいがい》でも日本《にほん》でも文化財《ぶんかざい》は大切《たいせつ》に

どこの国《くに》にも、大事《だいじ》にしている文化財《ぶんかざい》や歴史的《れきしてき》な遺産《いさん》があります。以前《いぜん》、チリのイースター島《とう》にあるモアイ像《ぞう》に、記念《きねん》のつもりで名前《なまえ》をほった日本人《にほんじん》が逮捕《たいほ》されたことがありました。たとえ、悪気《わるぎ》はなかったとしても、文化財《ぶんかざい》を傷《きず》つけることは重《おも》い罪《つみ》になることを忘《わす》れないでください。

文化財《ぶんかざい》を傷《きず》つける事件《じけん》が、世界中《せかいじゅう》で起《お》きているの。
文化財《ぶんかざい》は「人類《じんるい》みんなの財産《ざいさん》」だということを忘《わす》れないで。

犯罪《はんざい》かもファイル
学《がっ》校《こう》編《へん》
2

卒《そつ》業《ぎょう》式《しき》でいたずらしちゃえ

解説《かいせつ》は
次《つぎ》のページ

卒業式《そつぎょうしき》などでいたずらすると、儀式妨害《ぎしきぼうがい》の罪《つみ》になる。

「軽犯罪法第《けいはんざいほうだい》1条第《じょうだい》24号《ごう》」では、入学式《にゅうがくしき》や卒業式《そつぎょうしき》、国家《こっか》の式典《しきてん》、結婚式《けっこんしき》などの儀式《ぎしき》をいたずらなどでじゃますると、罪《つみ》になると決《き》められているよ。

どんな儀式《ぎしき》でいたずらすると罪《つみ》になる？

「儀式《ぎしき》」とは、特定《とくてい》の目的《もくてき》のために、ある程度《ていど》の人数《にんずう》が集《あつ》まって行《おこな》われる行事《ぎょうじ》のことです。成人式《せいじんしき》や入学式《にゅうがくしき》、表彰式《ひょうしょうしき》や開通式《かいつうしき》などの公的《こうてき》な行事《ぎょうじ》だけでなく、結婚式《けっこんしき》などの個人的《こじんてき》な行事《ぎょうじ》も、ある程度《ていど》以上《いじょう》の規模《きぼ》で行《おこな》われれば儀式《ぎしき》とされています。

「いたずら」は、それほど悪意《あくい》がなく、一時的《いちじてき》なおふざけ行為《こうい》のことをいいます。ほんの出来心《できごころ》でも、儀式《ぎしき》のおごそかな雰囲気《ふんいき》や、進行《しんこう》をじゃまするようないたずらをすれば、罪《つみ》に問《と》われます。たとえ自分《じぶん》の学校《がっこう》の卒業式《そつぎょうしき》や入学式《にゅうがくしき》であっても、いたずらで式《しき》を妨害《ぼうがい》したら罪《つみ》になるので注意《ちゅうい》しましょう。

儀式《ぎしき》でやってはいけないいたずらとは？

たとえば会場《かいじょう》に、式《しき》とは無関係《むかんけい》な生《い》き物《もの》をばらまいたり、悪臭《あくしゅう》を発《はっ》するものを持《も》ちこんだり、不必要《ふひつよう》に大《おお》きな音《おと》を立《た》てる、照明《しょうめい》を消《け》すなどは罪《つみ》になります。式《しき》の日時《にちじ》や場所《ばしょ》をいつわって人《ひと》に広《ひろ》める、中止《ちゅうし》のうわさを流《なが》すなども、おどろかせることが目的《もくてき》だったとしても罪《つみ》になります。

目的《もくてき》はどうあれ、自分《じぶん》がされたらどう思《おも》うかを考《かんが》えて行動《こうどう》するべきね。

犯罪《はんざい》かもファイル
学校《がっこう》編《へん》 3

えっ……ぼくあての手《て》紙《がみ》じゃないの？

解説《かいせつ》は次《つぎ》のページ

他人《たにん》あての手紙《てがみ》の封《ふう》を開《あ》けると、信書開封罪《しんしょかいふうざい》になる。

「刑法第《けいほうだい》133条《じょう》」では、ちゃんとした理由《りゆう》がないのに、封《ふう》をしてある手紙《てがみ》を開《あ》けると、罪《つみ》になると決《き》められているよ。

他人《たにん》あての手紙《てがみ》の封《ふう》を勝手《かって》に開《あ》けてはいけない！

他人《たにん》あての手紙《てがみ》の封《ふう》を勝手《かって》に開《あ》けると、1年以下《ねんいか》の懲役《ちょうえき》（➡127ページ）、または20万円以下《まんえんいか》の罰金《ばっきん》という罪《つみ》になることがあります。中身《なかみ》を読《よ》まなくても、「封《ふう》」を開《あ》けただけで罪《つみ》になることがあるので注意《ちゅうい》しましょう。封《ふう》とは、ふうとうの口《くち》がのりやテープでとめられている状態《じょうたい》のこと。ふうとうに入《はい》っていなくても、中《なか》が見《み》えないように紙《かみ》を半分《はんぶん》に折《お》ってシールなどでとめてあれば、それを開《あ》けたら罪《つみ》になります。

もし、他人《たにん》あての郵便物《ゆうびんぶつ》がまちがって配達《はいたつ》されたら、「誤配達《ごはいたつ》」であることを紙《かみ》に書《か》いてはって、ポストに入《い》れましょう。もしくは、最寄《もよ》りの郵便局《ゆうびんきょく》に持《も》っていって相談《そうだん》しましょう。

他人《たにん》あての手紙《てがみ》をかくしてもいけない

他人《たにん》あての手紙《てがみ》をわざとかくしても罪《つみ》になります。また、勝手《かって》に捨《す》てたりやぶったりすると「器物損壊罪《きぶつそんかいざい》」（➡74ページ）という別《べつ》の罪《つみ》に問《と》われます。人《ひと》から人《ひと》にあてた手紙《てがみ》は、そのあて名《な》の人《ひと》の持《も》ち物《もの》と同《おな》じことなのです。

自分以外《じぶんいがい》のあて名《な》が書《か》かれているものは、封《ふう》をしてなくても、開《あ》けずにあて名《な》の人《ひと》にわたしてあげよう。

犯罪《はんざい》かもファイル
学校《がっこう》編《へん》 4

あっ！テストの解答《かいとう》がまる見《み》え

解説《かいせつ》は
次《つぎ》のページ

学校《がっこう》のテストでよい結果《けっか》を残《のこ》したいと カンニングをしても、罪《つみ》にならない場合《ばあい》が多《おお》い。

学校《がっこう》のテストで他《ほか》の人《ひと》の答案《とうあん》をぬすみ見《み》るのは、よくない行為《こうい》だよ。でも、法律《ほうりつ》で禁止《きんし》されている行為《こうい》ではないから、罪《つみ》にはならないよ。

カンニングは犯罪《はんざい》ではないの!?

テスト中《ちゅう》に他人《たにん》の答案《とうあん》を見《み》て書《か》き写《うつ》したり、ヒントや答《こた》えをかくしておいたりするようなズルを、カンニングといいます。でも学校《がっこう》のテストでカンニングをして見《み》つかってしまっても、警察《けいさつ》につかまったり罰金《ばっきん》が科《か》されたりするような犯罪《はんざい》にはなりません。

けれど、ルール違反《いはん》のズルをしたことにはちがいありません。カンニングしたことがわかれば、すべてのテストの点数《てんすう》をゼロにする対応《たいおう》や、停学《ていがく》や退学《たいがく》などの処分《しょぶん》を科《か》す学校《がっこう》も多《おお》くあります。入学試験《にゅうがくしけん》だったなら、合格《ごうかく》を取《と》り消《け》されることになるでしょう。犯罪《はんざい》でなくても、決《けっ》してしてはならない行為《こうい》なのです。

悪質《あくしつ》なカンニングは犯罪《はんざい》になることも

ただし、スマホで問題文《もんだいぶん》を撮影《さつえい》し、外部《がいぶ》に送信《そうしん》するなどの悪質《あくしつ》なカンニング行為《こうい》は罪《つみ》に問《と》われる場合《ばあい》があります。これまでにも大学《だいがく》入試《にゅうし》テストにおいて「偽計業務妨害罪《ぎけいぎょうむぼうがいざい》」（刑法第《けいほうだい》233条《じょう》）の疑《うたが》いで摘発《てきはつ》された例《れい》があります。もし罪《つみ》に問《と》われたら、入学《にゅうがく》を許《ゆる》されないだけでなく3年《ねん》以下《いか》の懲役《ちょうえき》（→127ページ）、または50万円《まんえん》以下《いか》の罰金《ばっきん》という重《おも》い刑《けい》が科《か》されます。

本人《ほんにん》になりすまして別《べつ》の人《ひと》が受験《じゅけん》する「かえ玉《だま》受験《じゅけん》」なんて、もってのほか！

こんな校則《こうそく》
いらない!?

ブラック校則《こうそく》って？

ブラック校則《こうそく》とは？

生徒《せいと》を守《まも》り、規則正《きそくただ》しい学校生活《がっこうせいかつ》を送《おく》れるようにするために、学校《がっこう》が独自《どくじ》に定《さだ》めたルールが校則《こうそく》です。

ただ、時代《じだい》の変化《へんか》に内容《ないよう》がともなわず、なぜそれが校則《こうそく》に定《さだ》められているのか理解《りかい》しづらいものもあります。近年《きんねん》では、生徒《せいと》の自主性《じしゅせい》を認《みと》めず、ただ生徒《せいと》をしばるだけの校則《こうそく》を「ブラック校則《こうそく》」と呼《よ》んでいます。中《なか》には多様性《たようせい》を受《う》け入《い》れず、人権侵害《じんけんしんがい》にあたるものもあります。

これって ブラック校則《こうそく》かも？

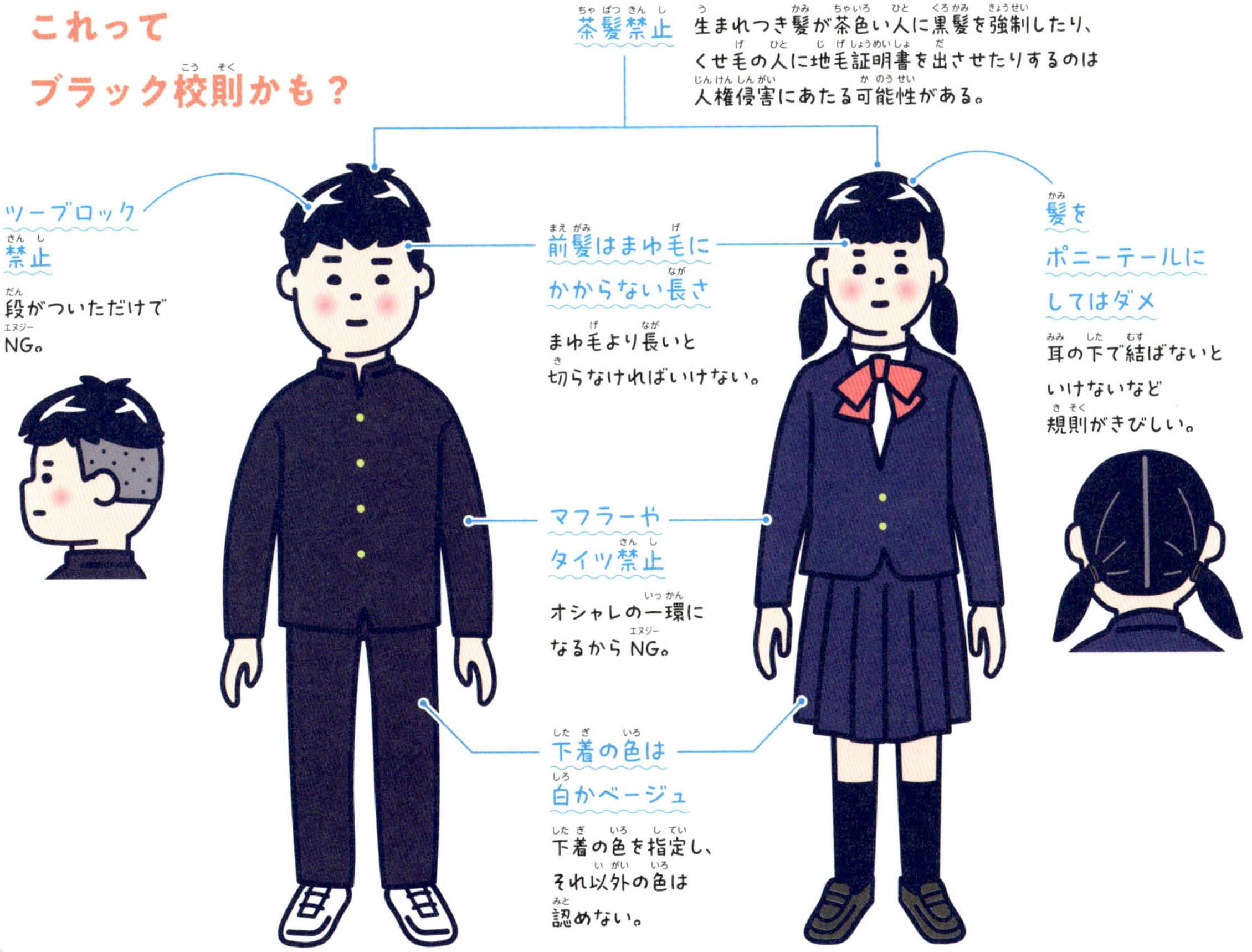
茶髪禁止《ちゃぱつきんし》
生《う》まれつき髪《かみ》が茶色《ちゃいろ》い人《ひと》に黒髪《くろかみ》を強制《きょうせい》したり、くせ毛《げ》の人《ひと》に地毛証明書《じげしょうめいしょ》を出《だ》させたりするのは人権侵害《じんけんしんがい》にあたる可能性《かのうせい》がある。
ツーブロック禁止《きんし》
段《だん》がついただけでNG《エヌジー》。
前髪《まえがみ》はまゆ毛《げ》にかからない長《なが》さ
まゆ毛《げ》より長《なが》いと切《き》らなければいけない。
髪《かみ》をポニーテールにしてはダメ
耳《みみ》の下《した》で結《むす》ばないといけないなど規則《きそく》がきびしい。
マフラーやタイツ禁止《きんし》
オシャレの一環《いっかん》になるからNG《エヌジー》。
下着《したぎ》の色《いろ》は白《しろ》かベージュ
下着《したぎ》の色《いろ》を指定《してい》し、それ以外《いがい》の色《いろ》は認《みと》めない。

校則《こうそく》ってそもそも何《なに》?

生徒《せいと》が健全《けんぜん》に学校生活《がっこうせいかつ》を送《おく》り、よりよく成長《せいちょう》していくために、学校《がっこう》が定《さだ》めるのが校則《こうそく》で、法律《ほうりつ》ではありません。校則《こうそく》で禁《きん》じられているのは、それが原因《げんいん》で勉強《べんきょう》に集中《しゅうちゅう》できないとか、学校生活《がっこうせいかつ》を乱《みだ》すようなことです。ただし、守《まも》らなかったからといって、先生《せんせい》は生徒《せいと》を指導《しどう》することはあっても、罰《ばっ》することはできません。

見直《みなお》されるべき校則《こうそく》もある!

生徒一人《せいとひとり》ひとりがこうありたいと思《おも》う姿《すがた》で、自分《じぶん》に責任《せきにん》を持《も》って行動《こうどう》することが、心豊《こころゆた》かな学校生活《がっこうせいかつ》や社会生活《しゃかいせいかつ》につながります。しかし、残念《ざんねん》ながらそれに逆行《ぎゃっこう》するいきすぎたブラック校則《こうそく》は少《すく》なくありません。今《いま》の時代《じだい》に合《あ》わない校則《こうそく》や、生徒《せいと》の自主性《じしゅせい》を否定《ひてい》するような校則《こうそく》は見直《みなお》すべきです。そして生徒《せいと》には、そのような校則《こうそく》に対《たい》して意見《いけん》をいう権利《けんり》があります。

児童《じどう》・生徒自身《せいとじしん》が声《こえ》を上《あ》げて校則《こうそく》を変《か》えた学校《がっこう》も

校則《こうそく》は絶対的《ぜったいてき》なものではなく、変《か》えることができます。納得《なっとく》のいかない校則《こうそく》は、どうしたらよいかみんなで話《はな》し合《あ》うことが大切《たいせつ》です。これまでにも、女子《じょし》が制服《せいふく》のスカートとズボンを選《えら》べるようにしたり、髪《かみ》の色《いろ》を制限《せいげん》する校則《こうそく》をなくしたりと、子《こ》ども自身《じしん》が声《こえ》を上《あ》げて校則《こうそく》を変《か》えた学校《がっこう》がいくつもあります。

みんなが納得《なっとく》すれば
校則《こうそく》は変《か》えられるんだね。

ブラック校則《こうそく》を見直《みなお》すには
子《こ》どもたち自身《じしん》が
声《こえ》を上《あ》げるといいわね。

犯《はん》罪《ざい》かもファイル

交《こう》通《つう》編《へん》

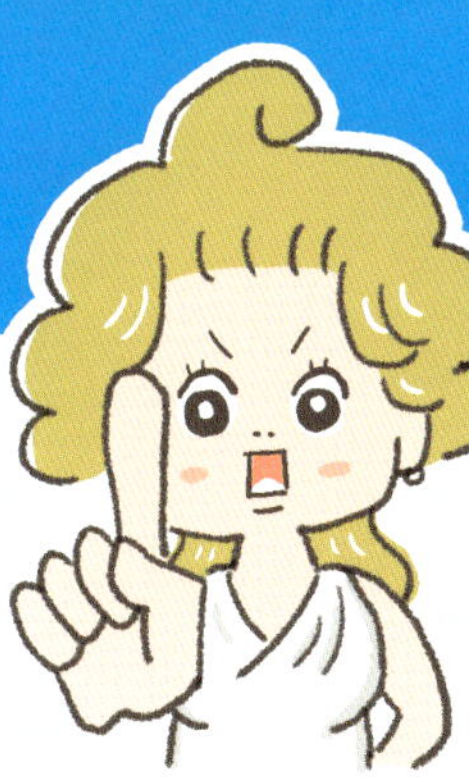

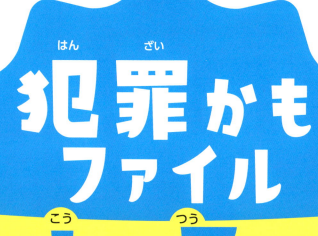

次《つぎ》のA～Cはそれぞれ犯罪《はんざい》になる？　ならない？

A

歩行中《ほこうちゅう》の「ながらスマホ」でけがを負《お》わせる。

B

歩《ある》いている人《ひと》によけてもらおうとして、ベルを鳴《な》らす。

C

バスの運転手《うんてんしゅ》に理由《りゆう》もなく声《こえ》をかける。

こたえ

A → 98ページ　B → 102ページ　C → 100ページ

犯罪《はんざい》かもファイル
交通《こうつう》編《へん》 1

青信号《あおしんごう》が点滅《てんめつ》しはじめた…ダーーッシュ!!

解説《かいせつ》は次《つぎ》のページ

青信号《あおしんごう》が点滅《てんめつ》しているときに横断歩道《おうだんほどう》をわたりはじめると、道路《どうろ》交通《こうつう》法《ほう》施行令《しこうれい》違反《いはん》になる。

「道路《どうろ》交通《こうつう》法《ほう》施行令《しこうれい》第《だい》2条《じょう》」では、歩行者用《ほこうしゃよう》の青信号《あおしんごう》が点滅《てんめつ》をはじめたら、歩行者《ほこうしゃ》は道路《どうろ》をわたりはじめてはいけないと決《き》められているよ。

点滅《てんめつ》したらわたっちゃダメ？

歩行者用《ほこうしゃよう》の青信号《あおしんごう》の点滅《てんめつ》と車用《くるまよう》の黄信号《きしんごう》は同《おな》じ意味《いみ》。歩行者用《ほこうしゃよう》の青信号《あおしんごう》が点滅《てんめつ》していたらわたりはじめてはいけないし、横断中《おうだんちゅう》に点滅《てんめつ》しはじめたら、急《いそ》いでわたるか引《ひ》き返《かえ》さなくてはいけません。車《くるま》や自転車《じてんしゃ》も、黄信号《きしんごう》でわたりはじめるのは違反《いはん》です。

歩行者《ほこうしゃ》が守《まも》るべき交通《こうつう》ルールは？

道路交通法《どうろこうつうほう》にもとづいて歩行者《ほこうしゃ》のルールも決《き》められています。

①歩道《ほどう》があるところでは歩道《ほどう》を歩《ある》きましょう。歩道《ほどう》や十分《じゅうぶん》なはばの※路《ろ》側帯《そくたい》がない場合《ばあい》は、右側《みぎがわ》のはしを歩《ある》くよう決《き》められています。

※歩行者《ほこうしゃ》の通行《つうこう》などのため、白線《はくせん》でわけられたところ。

②近《ちか》くに横断歩道《おうだんほどう》があるときは、すこし遠回《とおまわ》りでも横断歩道《おうだんほどう》を利用《りよう》しなければいけません。信号《しんごう》のない横断《おうだん》歩道《ほどう》では、車《くるま》の運転手《うんてんしゅ》にわかるように手《て》をあげてわたりましょう。

③横断歩道《おうだんほどう》のない道路《どうろ》を横断《おうだん》するときは、スクランブル交差点《こうさてん》などをのぞき、道路《どうろ》のななめ横断《おうだん》はやめましょう。また、歩行者《ほこうしゃ》は、車両《しゃりょう》の直前《ちょくぜん》や直後《ちょくご》でも横断《おうだん》してはいけません。

青信号《あおしんごう》であれば、絶対《ぜったい》に安全《あんぜん》というわけではないわ。急《きゅう》に曲《ま》がってくる車《くるま》もあるから、必《かなら》ず左右《さゆう》を確認《かくにん》してわたってね。

犯罪《はんざい》かもファイル
交通《こうつう》編《へん》 2

ながらスマホで移《い》動《どう》時《じ》間《かん》をうまく使《つか》おう

解説《かいせつ》は次《つぎ》のページ

歩行中《ほこうちゅう》の「ながらスマホ」で、けがを負《お》わせてしまうと、過失傷害罪《かしつしょうがいざい》になる。

「刑法第《けいほうだい》209条《じょう》、210条《じょう》」では、必要《ひつよう》な注意《ちゅうい》をせず、人《ひと》を傷《きず》つけたり、命《いのち》をうばってしまったりしたら罪《つみ》になると決《き》められているよ。

歩行中《ほこうちゅう》の「ながらスマホ」は危険《きけん》がいっぱい！

歩《ある》きながらスマホを見《み》たり操作《そうさ》したりする「ながらスマホ」は、まわりに注意《ちゅうい》が行《い》き届《とど》きません。つまずいて転《ころ》んだり、段差《だんさ》を見落《みお》としてバランスをくずしたり、また、駅《えき》のホームから落《お》ちるなどの大事故《だいじこ》も起《お》こり得《え》ます。他《ほか》の歩行者《ほこうしゃ》や自転車《じてんしゃ》、車《くるま》にぶつかる危険《きけん》も。もしぶつかって相手《あいて》にけがを負《お》わせたら、損害賠償《そんがいばいしょう》を求《もと》められる可能性《かのうせい》もあります。

「ながらスマホ」では、とくに道路《どうろ》や駅《えき》などでの事故《じこ》が多《おお》く、一歩《いっぽ》まちがえると大《おお》けがにつながります。外《そと》でスマホを見《み》なくてはいけないときは、安全《あんぜん》なところに立《た》ち止《ど》まって、通行《つうこう》のさまたげにならないようにしましょう。

文字《もじ》や画像《がぞう》、動画《どうが》を見《み》ることに集中《しゅうちゅう》してしまい、視野《しや》が極端《きょくたん》にせまくなる。

自転車《じてんしゃ》での「ながらスマホ」は？

自転車《じてんしゃ》の運転中《うんてんちゅう》にスマホをあつかうのは大変危険《たいへんきけん》で、道路交通法《どうろこうつうほう》違反《いはん》になる場合《ばあい》があり、6か月以下《げついか》の懲役《ちょうえき》（↓127ページ）、または10万円《まんえん》以下《いか》の罰金《ばっきん》を科《か》されることがあります。もし人《ひと》にけがを負《お》わせたり、死《し》なせたりした場合《ばあい》に過失《かしつ》の程度《ていど》が大《おお》きいときは、重過失致死傷罪《じゅうかしつちししょうざい》に問《と》われる可能性《かのうせい》もあります。

自分《じぶん》だけでなく相手《あいて》にも危険《きけん》な「ながらスマホ」。
歩《ある》きながらスマホを見《み》る必要《ひつよう》はないはずよ。

ねえ運《うん》転《てん》手《しゅ》さん、お話《はな》ししましょ

天気《てんき》いいですね
道《みち》こんでますね
駅《えき》まであと何分《なんぷん》ですか？

解説《かいせつ》は次《つぎ》のページ

乗客《じょうきゃく》がバスの運転手《うんてんしゅ》に理由《りゆう》なく声《こえ》をかけると、旅《りょ》客《かく》自《じ》動《どう》車《しゃ》運《うん》送《そう》事《じ》業《ぎょう》運《うん》輸《ゆ》規《き》則《そく》違《い》反《はん》になる。

「旅客自動車運送事業運輸規則第53条第1号《りょかくじどうしゃうんそうじぎょううんゆきそくだい53じょうだい1ごう》」では、バスが走《はし》っている最中《さいちゅう》に、むやみに運転手《うんてんしゅ》に話《はな》しかけることが禁《きん》じられているよ。

運転手《うんてんしゅ》に声《こえ》をかけてもいい？

走《はし》っているバスの運転手《うんてんしゅ》に話《はな》しかけると、運転《うんてん》に集中《しゅうちゅう》できず危険《きけん》です。国土交通省《こくどこうつうしょう》による旅客自動車運送事業運輸規則《りょかくじどうしゃうんそうじぎょううんゆきそく》でも、走行中《そうこうちゅう》の運転手《うんてんしゅ》に話《はな》しかけることが禁止《きんし》されています。乗客《じょうきゃく》みんなの安全《あんぜん》のために、むやみに話《はな》しかけるのはやめましょう。運転手《うんてんしゅ》に用《よう》があるときは停車中《ていしゃちゅう》に声《こえ》をかけましょう。

運転手側《うんてんしゅがわ》も規則《きそく》で

不要《ふよう》な会話《かいわ》をしてはいけない

とされているよ。

バスの乗客《じょうきゃく》がしてはいけないこと

旅客自動車運送事業運輸規則《りょかくじどうしゃうんそうじぎょううんゆきそく》では、バスが安全《あんぜん》に運行《うんこう》できるよう、いろいろな規則《きそく》を設《もう》けています。乗客《じょうきゃく》に対《たい》しても、走行中《そうこうちゅう》の運転手《うんてんしゅ》に話《はな》しかけないこと以外《いがい》に、次《つぎ》のような注意事項《ちゅういじこう》を定《さだ》めています。

- ものを車外《しゃがい》に投《な》げない。
- 機械装置《きかいそうち》にふれない。
- 走行中《そうこうちゅう》、勝手《かって》に乗降口《じょうこうぐち》のとびらを開《あ》けない。
- 走行中《そうこうちゅう》のバスに飛《と》び乗《の》ったり、バスから飛《と》び降《お》りたりしない。

バスは大事《だいじ》な公共交通機関《こうきょうこうつうきかん》です。みんなが安心《あんしん》して利用《りよう》できるよう、ルールを守《まも》って乗《の》りましょう。

バスの運転手《うんてんしゅ》さんは、たくさんの乗客《じょうきゃく》の命《いのち》をあずかっているの。責任重大《せきにんじゅうだい》だから、運転《うんてん》をじゃましてはいけないわ。

解説《かいせつ》は次《つぎ》のページ

歩《ある》いている人《ひと》によけてもらおうとして、ベルを鳴《な》らすと、道《どう》路《ろ》交《こう》通《つう》法《ほう》違《い》反《はん》になる。

「道《どう》路《ろ》交《こう》通《つう》法《ほう》第《だい》54条《じょう》」では、自転車《じてんしゃ》は、警音器《けいおんき》（ベル）を鳴《な》らさなければいけないと法令《ほうれい》で定《さだ》めている場合《ばあい》をのぞき、警音器《けいおんき》を鳴《な》らすと違反《いはん》になると決《き》められているよ。

ベルを鳴《な》らすのは交通違反《こうつういはん》!?

自転車《じてんしゃ》は車道《しゃどう》を走《はし》るよう道路交《どうろこう》通法《つうほう》で決《き》められています（第《だい》17条《じょう》）。左《ひだり》の標識《ひょうしき》がある場合《ばあい》や、13歳未満《さいみまん》や70歳以上《さいいじょう》の人《ひと》、身体《しんたい》が不自由《ふじゆう》な人《ひと》は、歩道《ほどう》を走《はし》ることができます（※第《だい》63条《じょう》の4）。ただし、歩道《ほどう》は歩行者優先《ほこうしゃゆうせん》です。自転車《じてんしゃ》で歩道《ほどう》を走行中《そうこうちゅう》、よけてもらうために、歩《ほ》行者《こうしゃ》に対《たい》してベルを鳴《な》らすことは禁止《きんし》されています。

※道路交通法《どうろこうつうほう》

◆「普通自転車歩道通行可《ふつうじてんしゃほどうつうこうか》」の標識《ひょうしき》

鳴《な》らしていいのはどんなとき？

「警笛鳴《けいてきな》らせ」の標識《ひょうしき》があるところでは、ベルを鳴《な》らさなければなりません。また、あなたが車道《しゃどう》の左《ひだり》側《がわ》を自転車《じてんしゃ》で走《はし》っていて、正面《しょうめん》からスマホを見《み》ながら運転《うんてん》している自転車《じてんしゃ》が来《き》たときは、その自転車《じてんしゃ》は「逆走《ぎゃくそう》」で、しかも「ながら運《うん》転《てん》」です。このようなベルを鳴《な》らすことでしか危険《きけん》をさけられない場《ば》合《あい》は、鳴《な》らしてよいとされています。

◆「警笛鳴《けいてきな》らせ」の標識《ひょうしき》

自分《じぶん》が歩《ある》いているときに、いきなりうしろからベルを鳴《な》らされたときのことを想像《そうぞう》してみて。いやよね？

犯罪《はんざい》かもファイル
交《こう》通《つう》編《へん》 5

自《じ》転《てん》車《しゃ》のライトがつかない……ま、いっか！

解説《かいせつ》は
次《つぎ》のページ

夜《よる》にライトがつかない自転車《じてんしゃ》に乗《の》っていたら、道《どう》路《ろ》交《こう》通《つう》法《ほう》違《い》反《はん》になる。

「道路交通法第《どうろこうつうほうだい》 52 条第《じょうだい》 1 項《こう》」では、夜《よる》、自転車《じてんしゃ》に乗《の》るときは、ライトをつけなければ罪《つみ》になると決《き》められているよ。

点検《てんけん》をさぼると違反《いはん》になる!?

自転車《じてんしゃ》に乗《の》るときは、暗《くら》くなる前《まえ》にライトをつけるよう、道路交通法《どうろこうつうほう》で定《さだ》められています。違反《いはん》すると5万円以下《まんえんいか》の罰金刑《ばっきんけい》になります。また「ライトがつかない」「ブレーキがきかない」「反射材《はんしゃざい》などがついていない」「ベルが鳴《な》らない」など、点検《てんけん》や整備《せいび》ができていない場合《ばあい》も道路交通法違反《どうろこうつうほういはん》で、それぞれ5万円以下《まんえんいか》の罰金《ばっきん》が科《か》されます。

自転車《じてんしゃ》の故障《こしょう》は、交通事故《こうつうじこ》の原因《げんいん》となります。乗《の》る前《まえ》に自分《じぶん》で点検《てんけん》する習慣《しゅうかん》をつけましょう。

自分《じぶん》や家族《かぞく》で整備《せいび》できない場合《ばあい》は、自転車店《じてんしゃてん》に相談《そうだん》を。さらに、1年《ねん》に1回《かい》は自転車店《じてんしゃてん》でしっかり点検《てんけん》してもらいましょう。

「ブタベルサハラ」で日常点検《にちじょうてんけん》

自転車《じてんしゃ》に乗《の》る前《まえ》の日常点検《にちじょうてんけん》では、次《つぎ》の部分《ぶぶん》をチェックします。ブ＝ブレーキ、タ＝タイヤ、ベル、サ＝サドル、ハ＝ハンドルと反射材《はんしゃざい》、ラ＝ライト。「ブタベルサハラ」と覚《おぼ》えておきましょう。

◆ 自転車《じてんしゃ》の安全点検《あんぜんてんけん》

ベル よく鳴《な》るか
ハンドル グラグラしないか
ブレーキ 前輪《ぜんりん》、後輪《こうりん》ともしっかりきくか
サドル ゆるんでいないか、両足先《りょうあしさき》が地面《じめん》につくか
反射材《はんしゃざい》 よく見《み》えるか
タイヤ 空気《くうき》は十分《じゅうぶん》入《はい》っているか
ライト 点灯《てんとう》するか

夜道《よみち》で急《きゅう》に、自転車《じてんしゃ》が現《あらわ》れたらこわいわ。
事故《じこ》を起《お》こさないためにも、ブタベルサハラよ！

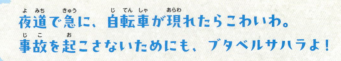

くわしく学《まな》ぼうゼミナール

きちんとルールを守《まも》れているかしら？

自《じ》転《てん》車《しゃ》の基《き》本《ほん》ルールを守《まも》れてる？

自転車《じてんしゃ》は、子《こ》どもから高齢者《こうれいしゃ》まで、はば広《ひろ》い年代《ねんだい》の人《ひと》が利用《りよう》する便利《べんり》な乗《の》り物《もの》です。自動車《じどうしゃ》や歩行者《ほこうしゃ》と同《おな》じ道《みち》を走《はし》るので、走行《そうこう》のルールがきちんと決《き》められています。

走《はし》る場所《ばしょ》に注意《ちゅうい》

自転車《じてんしゃ》は、車道《しゃどう》を走《はし》るのが基本《きほん》です。道路標識《どうろひょうしき》で指定《してい》されている場合《ばあい》や、車道《しゃどう》が工事中《こうじちゅう》などでやむをえない場合《ばあい》は、歩道《ほどう》を通行《つうこう》することが認《みと》められています。

法律《ほうりつ》 **道路交通法第《どうろこうつうほうだい》63条《じょう》の4など**

※13歳未満《さいみまん》の子《こ》ども、70歳以上《さいいじょう》の高齢者《こうれいしゃ》、身体《しんたい》の不自由《ふじゆう》な人《ひと》が自転車《じてんしゃ》に乗《の》るときは、例外的《れいがいてき》に歩道《ほどう》を通行《つうこう》してよいと決《き》められています。

車道《しゃどう》の左側《ひだりがわ》を通行《つうこう》

車道《しゃどう》を走《はし》るときは、左側通行《ひだりがわつうこう》と決《き》められています。あらかじめ車道《しゃどう》の左《ひだり》はしに自転車道《じてんしゃどう》がある場合《ばあい》は、そこを通行《つうこう》しなければなりません。

法律《ほうりつ》 **道路交通法第《どうろこうつうほうだい》17条《じょう》、第《だい》63条《じょう》の3**

歩道《ほどう》は歩行者優先《ほこうしゃゆうせん》

自転車《じてんしゃ》で歩道《ほどう》を走《はし》る場合《ばあい》でも、歩行者優先《ほこうしゃゆうせん》であることを忘《わす》れないようにしましょう。車道寄《しゃどうよ》りを、すぐに止《と》まれるスピードで走《はし》り、歩行者《ほこうしゃ》の通行《つうこう》のじゃまになる場合《ばあい》は、一時停止《いちじていし》しなければなりません。

法律《ほうりつ》 **道路交通法第《どうろこうつうほうだい》63条《じょう》の4**

交差点《こうさてん》では信号《しんごう》と一時停止《いちじていし》を守《まも》る

信号《しんごう》は必《かなら》ず守《まも》ります。短《みじか》いきょりだから、車《くるま》が来《き》ていないからといって、赤信号《あかしんごう》のときに走《はし》りぬけるのは事故《じこ》のもとです。信号機《しんごうき》のない場所《ばしょ》でも、一時《いちじ》停止《ていし》の標識《ひょうしき》があるときは、いったん止《と》まって、まわりの安全《あんぜん》を確認《かくにん》しましょう。

法律《ほうりつ》 **道路交通法第《どうろこうつうほうだい》7条《じょう》、第《だい》43条《じょう》など**

夜《よる》はライトをつける

暗《くら》くなったら、ライトをつけましょう。前《まえ》が見《み》やすくなって自分《じぶん》が安全《あんぜん》なだけでなく、車《くるま》や歩行者《ほこうしゃ》からも、自転車《じてんしゃ》が走《はし》っていることがよく見《み》えます。

法律《ほうりつ》 道路交通法第《どうろこうつうほうだい》52条《じょう》など

ヘルメットをかぶろう

自転車《じてんしゃ》に乗《の》るときは、できるだけヘルメットを着《ちゃく》用《よう》することと決《き》められています。うっかり転《ころ》んだときや、ものや人《ひと》にぶつかってしまったときでも頭《あたま》を守《まも》ってくれます。

法律《ほうりつ》 道路交通法第《どうろこうつうほうだい》63条《じょう》の11第《だい》1～3項《こう》

ここから下《した》は禁止《きんし》されていること。
命《いのち》を落《お》とす事故《じこ》や
まわりの人《ひと》をまきこむ事故《じこ》につながるから
絶対《ぜったい》にしないでね。

✕ 遮断《しゃだん》ふみ切《き》りへの立《た》ち入《い》り

法律《ほうりつ》 道路交通法第《どうろこうつうほうだい》33条《じょう》

✕ かさ差《さ》し運転《うんてん》

法律《ほうりつ》 道路交通法第《どうろこうつうほうだい》71条《じょう》など

✕ イヤホーンなどを使用《しよう》して運転《うんてん》

法律《ほうりつ》 道路交通法第《どうろこうつうほうだい》71条《じょう》など

✕ 他《ほか》の自転車《じてんしゃ》と並《なら》んで走行《そうこう》

法律《ほうりつ》 道路交通法第《どうろこうつうほうだい》19条《じょう》

犯《はん》罪《ざい》かもファイル

家《いえ》編《へん》

次《つぎ》のA～Cはそれぞれ犯罪《はんざい》になる？　ならない？

A

SNS《エスエヌエス》に悪口《わるくち》を投稿《とうこう》する。

B

マンガの海賊版《かいぞくばん》をダウンロードする。

C

推《お》しの写真《しゃしん》をSNS《エスエヌエス》のアイコンにする。

こたえ

A → 114ページ　B → 110ページ　C → 112ページ

犯罪《はんざい》かもファイル

家《いえ》編《へん》 1

海賊版《かいぞくばん》って何《なに》？ タダなら見《み》なきゃ損《そん》!?

解説《かいせつ》は次《つぎ》のページ

マンガや音楽《おんがく》、映画《えいが》などの海賊版《かいぞくばん》をダウンロードした場合《ばあい》、著作権法違反《ちょさくけんほういはん》となる。

「著作権法第《ちょさくけんほうだい》119条第《じょうだい》3項《こう》」などでは、もともと有料《ゆうりょう》のものを海賊版《かいぞくばん》と知《し》りながら何度《なんど》もダウンロードすると、罪《つみ》になると決《き》められているよ。

ダウンロードするだけでも違法《いほう》

インターネット上《じょう》には、マンガやアニメ、小説《しょうせつ》、音楽《おんがく》などの作品《さくひん》を、権利者《けんりしゃ》（作者《さくしゃ》や出版社《しゅっぱんしゃ》など）に無断《むだん》でコピーして、権利者《けんりしゃ》に料金《りょうきん》を支《し》はらわずに利用《りよう》できるようにした「海賊版《かいぞくばん》」のサイトがたくさんあります。

海賊版被害《かいぞくばんひがい》の拡大《かくだい》を防止《ぼうし》する対策《たいさく》として、著作権法《ちょさくけんほう》は、違法《いほう》にアップロードされたものであると知《し》りながらダウンロードすることを違《い》法《ほう》としています。

また、くり返《かえ》し違法《いほう》ダウンロードした場合《ばあい》は、刑事罰《けいじばつ》の対象《たいしょう》となります。楽曲《がっきょく》や映像《えいぞう》の作品《さくひん》を違《い》法《ほう》ダウンロードした場合《ばあい》は、くり返《かえ》しでなくても、刑事罰《けいじばつ》の対象《たいしょう》となります。

海賊版《かいぞくばん》はどうしてダメなの？

たとえばマンガの場合《ばあい》、マンガ家《か》や出版社《しゅっぱんしゃ》は、単行本《たんこうぼん》が売《う》れる、あるいは正規《せいき》のアプリなどから配信《はいしん》された作品《さくひん》を買《か》ってもらうことで、利益《りえき》を得《え》ています。しかし海賊版《かいぞくばん》はいくら読《よ》まれても、マンガ家《か》や出版社《しゅっぱんしゃ》には1円《えん》も支《し》はらわれません。時間《じかん》と労力《ろうりょく》をかけても、それに見《み》合《あ》った収入《しゅうにゅう》が得《え》られないのです。結《けっ》果《か》、マンガ家《か》を目指《めざ》すのをあきらめる人《ひと》や、新《あたら》しい作品《さくひん》をつくるのをやめる人《ひと》が出《で》てしまうでしょう。

悪徳《あくとく》な業者《ぎょうしゃ》がもうかる

新《あたら》しい作品《さくひん》をつくる人《ひと》や、マンガ家《か》を目指《めざ》す人《ひと》がへる

海賊版《かいぞくばん》のデータは、SNS《エスエヌエス》にアップロードしても罪《つみ》になることを、みんなが知《し》っておかなきゃね。

犯罪《はんざい》かもファイル
家《いえ》編《へん》
2

S《エス》N《エヌ》S《エス》のアイコン？ もちろん推《お》しの写《しゃ》真《しん》

解説《かいせつ》は
次《つぎ》のページ

有名人《ゆうめいじん》の写真《しゃしん》のSNS《エスエヌエス》へのけいさいは、著作権法違反《ちょさくけんほういはん》と肖像権《しょうぞうけん》・パブリシティ権《けん》の侵害《しんがい》になる。

「著作権法第《ちょさくけんほうだい》119条第《じょうだい》1項《こう》」では、他人《たにん》の創作物《そうさくぶつ》を勝手《かって》に使《つか》うと、罪《つみ》になると決《き》められているよ。無断《むだん》で他人《たにん》の写真《しゃしん》を使《つか》うのは、肖像権《しょうぞうけん》やパブリシティ権《けん》も侵害《しんがい》するよ。

他人《たにん》の顔写真《かおじゃしん》は勝手《かって》に使《つか》わないで

他人《たにん》の顔写真《かおじゃしん》を、自分《じぶん》のSNS《エスエヌエス》のアイコンに使《つか》うと「著作権《ちょさくけん》」や「肖像権《しょうぞうけん》」の侵害《しんがい》になることがあります。

写真《しゃしん》はとった人《ひと》、アニメやゲームのキャラクターは作者《さくしゃ》や制作会社《せいさくがいしゃ》に著作権《ちょさくけん》があるので、許可《きょか》なく使《つか》うことはできません。また、肖像権《しょうぞうけん》とは、自分《じぶん》の顔写真《かおじゃしん》などを無断《むだん》で公開《こうかい》されない権利《けんり》のことで、あなたやあなたの家族《かぞく》、友《とも》だちなどすべての人《ひと》に保障《ほしょう》されています。有名人《ゆうめいじん》の顔写真《かおじゃしん》には、広告《こうこく》にのせると消費者《しょうひしゃ》を商品《しょうひん》にひきつける力《ちから》があります。このことから、有名人《ゆうめいじん》には顔《かお》写真《じゃしん》を営業的《えいぎょうてき》に利用《りよう》できる「パブリシティ権《けん》」もあるとされています。無断使用《むだんしよう》はやめましょう。

推《お》し活《かつ》で気《き》をつけたいこと

イベントやライブのチケットを定価《ていか》より高額《こうがく》で転売《てんばい》することは犯罪《はんざい》です。買《か》った人《ひと》が罰《ばっ》せられることはありませんが、入場《にゅうじょう》できない場合《ばあい》があるので、買《か》わないようにしましょう。ライブの感想《かんそう》や推《お》しへの気持《きも》ちをSNS《エスエヌエス》で共有《きょうゆう》するときは、だれも傷《きず》つけないように、しっかり考《かんが》えてから投稿《とうこう》しましょう。

楽《たの》しいはずの推《お》し活《かつ》が、罪《つみ》に問《と》われたり、人《ひと》を傷《きず》つけたりすることになったらどう思《おも》う？

犯罪《はんざい》かもファイル
家《いえ》編《へん》
3

ネットに悪《わる》口《くち》書《か》いちゃお

解説《かいせつ》は
次《つぎ》のページ

SNS《エスエヌエス》に悪口《わるくち》を投稿《とうこう》すると、名誉毀損罪《めいよきそんざい》や侮辱罪《ぶじょくざい》などに問《と》われる。

SNS《エスエヌエス》で悪口《わるくち》などの書《か》きこみで相手《あいて》の評判《ひょうばん》を下げたり、傷《きず》つけたりすると「刑法第《けいほうだい》230条《じょう》」の名誉毀損罪《めいよきそんざい》や「刑法第《けいほうだい》231条《じょう》」の侮辱罪《ぶじょくざい》になるとされているよ。

ひぼう中傷《ちゅうしょう》って？

SNS《エスエヌエス》やネット記事《きじ》のコメントらんなどで、その時《とき》、話題《わだい》になっている人《ひと》の悪口《わるくち》やデマが書《か》きこまれることがあります。事実《じじつ》を知《し》らないまま、想像《そうぞう》などで他人《たにん》のことを悪《わる》くいって、その人《ひと》の名誉《めいよ》を傷《きず》つけることをひぼう中傷《ちゅうしょう》といいます。多《おお》くの人《ひと》にいいふらすと、内容《ないよう》がウソか本当《ほんとう》かどうかにかかわらず、罪《つみ》に問《と》われます。

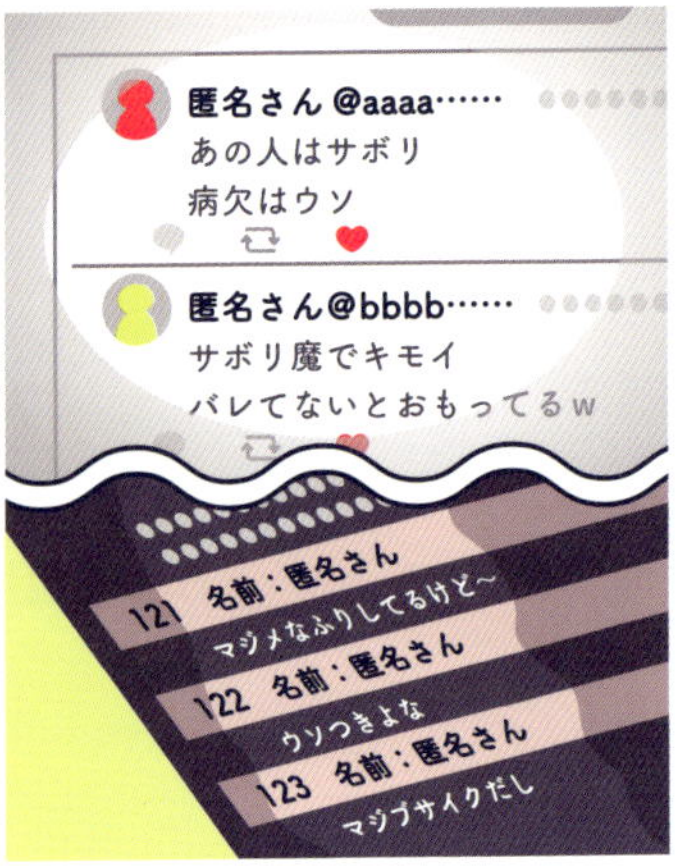

匿名《とくめい》でも発信《はっしん》した人《ひと》は特定《とくてい》できる！

SNS上《エスエヌエスじょう》に人《ひと》の悪口《わるくち》を書《か》きこむことは、外《そと》で相手《あいて》の悪口《わるくち》を大声《おおごえ》でさけぶことと同《おな》じです。投稿《とうこう》の内容《ないよう》が事実《じじつ》でも事実《じじつ》でなくても、具体的《ぐたいてき》なことを書《か》いて名誉《めいよ》を傷《きず》つけたら「名誉毀損罪《めいよきそんざい》」に、具体的《ぐたいてき》なことを書《か》かなくても相手《あいて》をののしった場合《ばあい》は「侮辱罪《ぶじょくざい》」に問《と》われることがあります。

本名《ほんみょう》をかくした匿名《とくめい》の投稿《とうこう》であっても、発信者《はっしんしゃ》を特定《とくてい》する技術《ぎじゅつ》はあります。投稿者《とうこうしゃ》を罪《つみ》に問《と》うことや、高額《こうがく》な慰謝料《いしゃりょう》を請求《せいきゅう》することもできます。

匿名《とくめい》で投稿《とうこう》するからといって、相手《あいて》に直接《ちょくせつ》いえないような書《か》きこみはやめて、慎重《しんちょう》な投稿《とうこう》を心《こころ》がけましょう。

SNS《エスエヌエス》には、他人《たにん》が発信《はっしん》した情報《じょうほう》を「再投稿《さいとうこう》」できる機能《きのう》があるの。内容《ないよう》を確認《かくにん》しないまま再投稿《さいとうこう》すると、デマや人《ひと》の悪口《わるくち》を広《ひろ》めてしまう場合《ばあい》もあるから注意《ちゅうい》して。

犯罪《はんざい》かもファイル
家《いえ》編《へん》 4

ゲーム実況《じっきょう》配信《はいしん》するぜぇぇぇぇ！

解説《かいせつ》は次《つぎ》のページ

無断《むだん》でゲーム実況《じっきょう》の動画《どうが》をアップするのは、著《ちょ》作《さく》権《けん》法《ほう》違《い》反《はん》になる場合《ばあい》がある。

ゲームの制作会社《せいさくがいしゃ》や制作者《せいさくしゃ》（著作者《ちょさくしゃ》）には、そのゲームの著作権《ちょさくけん》があり、勝手《かって》にゲーム実況《じっきょう》の動画《どうが》をネット上《じょう》にアップすると罪《つみ》になる場合《ばあい》があるよ。

無断《むだん》でネットにアップすると著作権侵害《ちょさくけんしんがい》に⁉

動画共有《どうがきょうゆう》サイトなどでは、ゲーム実況《じっきょう》の動画《どうが》が大人気《だいにんき》です。でも、実際《じっさい》にプレイしないと見《み》られない展開《てんかい》や演出《えんしゅつ》などが、ゲームを持《も》っていない人《ひと》たちも見《み》られてしまうのは、よいことなのでしょうか？

じつはゲームも、アニメ、音楽《おんがく》などと同《おな》じ著作物《ちょさくぶつ》にあたります。しくみや展開《てんかい》を考《かんが》えた人《ひと》（会社《かいしゃ》）や、キャラクターを生《う》み出《だ》した人《ひと》（会社《かいしゃ》）、制作会社《せいさくがいしゃ》などに著作権《ちょさくけん》があります。「無断《むだん》で公開《こうかい》されない権利《けんり》」が認《みと》められているのです。

今《いま》、見《み》ることができているゲームの実況動画《じっきょうどうが》は、各《かく》ゲーム会社《がいしゃ》が発表《はっぴょう》しているガイドライン（ルール）を守《まも》って公開《こうかい》されたものであることを知《し》っておきましょう。

制作会社《せいさくがいしゃ》のガイドラインを確認《かくにん》しよう

実況動画《じっきょうどうが》は、ゲームの宣伝《せんでん》にもなっています。実況《じっきょう》を見《み》て「自分《じぶん》もやりたい」と思《おも》った人《ひと》たちが、ゲームを買《か》うことがあるからです。そのため、動画《どうが》の公開《こうかい》については、いくつかのルールさえ守《まも》れば OK《オーケー》とするゲーム会社《がいしゃ》がほとんどです。ルールは会社《かいしゃ》ごとにちがうので、実況動画《じっきょうどうが》を配信《はいしん》したい人《ひと》は確認《かくにん》しましょう。

◆ ゲーム配信《はいしん》をしたいときは？

1. 配信《はいしん》したいゲーム、ゲーム会社《がいしゃ》のガイドラインを検索《けんさく》する。
2. 配信《はいしん》していいプラットホームを確認《かくにん》する。（YouTube《ユーチューブ》、ツイキャスなど）
3. 規約《きやく》を守《まも》る。規約《きやく》に書《か》かれていないことはしない。

自分《じぶん》にはできないプレイを見《み》るのも実況動画《じっきょうどうが》の楽《たの》しみ。ルールに則《のっと》って楽《たの》しめば、何《なに》も問題《もんだい》ないわ。

犯罪《はんざい》かもファイル
家《いえ》編《へん》
5

よし、わたしの薬《くすり》を飲《の》ませよう

解説《かいせつ》は次《つぎ》のページ

医師《いし》の診察《しんさつ》を受《う》けて処方《しょほう》された薬《くすり》を他人《たにん》にあげても、それだけでは、法律《ほうりつ》に違反《いはん》することはない。これを何度《なんど》もくり返《かえ》すなど悪質《あくしつ》な場合《ばあい》は、**薬機法《やっきほう》※違反《いはん》**になる。

※医薬品《いやくひん》、医療機器等《いりょうききとう》の品質《ひんしつ》、有効性及《ゆうこうせいおよ》び安全性《あんぜんせい》の確保等《かくほとう》に関《かん》する法律《ほうりつ》

「**薬機法第《やっきほうだい》24条《じょう》**」では、定《さだ》められた人以外《ひといがい》が勝手《かって》に薬《くすり》を売《う》ったり、わたしたりしてはいけないとしているよ。

処方《しょほう》された薬《くすり》はあげちゃダメ

医師《いし》の指示《しじ》で出《だ》された薬《くすり》を「処方薬《しょほうやく》（医療用医薬品《いりょういやくひん》）」といいます。家《いえ》の人《ひと》が薬局《やっきょく》で選《えら》んで買《か》える薬《くすり》とは区別《くべつ》されます。

もし同《おな》じ症状《しょうじょう》の人《ひと》がいても、それがたとえ家族《かぞく》だったとしても、処方薬《しょほうやく》を自分以外《じぶんいがい》の人《ひと》にわたしてはいけません。

「薬機法第《やっきほうだい》24条《じょう》」では、薬局《やっきょく》など医薬品《いやくひん》の販売業《はんばいぎょう》の許可《きょか》を受《う》けた人《ひと》以外《いがい》の人《ひと》が、医薬品《いやくひん》を他人《たにん》に売《う》ったり、あげたりする行為《こうい》を何度《なんど》もくり返《かえ》してはいけないとされています。行《おこな》った場合《ばあい》は、３年以下《ねんいか》の懲役《ちょうえき》（⬇127ページ）、もしくは３００万円《まんえん》以下《いか》の罰金《ばっきん》（またはその両方《りょうほう》）を科《か》される（「薬機法第《やっきほうだい》84条《じょう》」）ことがあります。気《き》をつけましょう。

処方薬《しょほうやく》を他人《たにん》にあげてはいけないのはどうして？

医師《いし》の診察《しんさつ》にもとづき、その人《ひと》の体調《たいちょう》や症状《しょうじょう》に見合《みあ》った成分《せいぶん》、量《りょう》を考《かんが》えて出《だ》した薬《くすり》だからです。効能《こうのう》がわかっていても、別《べつ》の人《ひと》にとってはふさわしい成分《せいぶん》や量《りょう》ではない可能性《かのうせい》がありますし、もし、もらった人《ひと》がその薬《くすり》を飲《の》んで症状《しょうじょう》が重《おも》くなったとしても、だれも責任《せきにん》が取《と》れません。

医師《いし》が許可《きょか》していない人《ひと》が飲《の》んだら危険《きけん》な薬《くすり》もあるの。気軽《きがる》にあげたり、もらったりしないようにね！

犯罪《はんざい》かもファイル
家《いえ》編《へん》
6

家《いえ》だったら何《なに》しても自《じ》由《ゆう》だよね

解説《かいせつ》は次《つぎ》のページ

公務員《こうむいん》の制止《せいし》をきかずに、大音量《だいおんりょう》で音《おと》を出《だ》しつづけると、静穏妨害《せいおんぼうがい》の罪《つみ》になる。

「軽犯罪法《けいはんざいほう》 第《だい》1条《じょう》 第《だい》14号《ごう》」では、警察官《けいさつかん》などが止《と》めているのに、異常《いじょう》に大《おお》きな音《おと》を出《だ》してさわがしくして、近所《きんじょ》の人《ひと》に迷惑《めいわく》をかけると、罪《つみ》になると決《き》められているよ。

静穏妨害《せいおんぼうがい》の罪《つみ》になる3つの条件《じょうけん》

音《おと》の大小《だいしょう》は、人《ひと》によって感《かん》じ方《かた》がちがいます。どこからが大《おお》きな音《おと》だと法律《ほうりつ》で決《き》めることは難《むずか》しいのです。そのため、こんなときは静穏妨害《せいおんぼうがい》の罪《つみ》になる、という条件《じょうけん》が3つあります。

①公務員《こうむいん》の制止《せいし》をきかない
②音《おと》が異常《いじょう》に大《おお》きく、静穏《せいおん》を害《がい》している
③近隣《きんりん》に迷惑《めいわく》をかけている

たとえば、あなたが家《いえ》で音楽《おんがく》をきいているとき、近所《きんじょ》の人《ひと》たちがその音《おと》をとても大《おお》きいと感《かん》じ、役所《やくしょ》や交番《こうばん》などに連絡《れんらく》したとします。かけつけた警察官《けいさつかん》などに音楽《おんがく》を止《と》めるように注意《ちゅうい》されたのに、止《と》めないと罰《ばっ》せられるというわけです。

どんな大《おお》きな音《おと》を出《だ》したらいけないの？

人《ひと》の声《こえ》から楽器《がっき》の音《おと》、機械《きかい》が動《うご》く音《おと》まで、ありとあらゆる音《おと》が対象《たいしょう》になります。

でも、工場《こうじょう》が集《あつ》まる地域《ちいき》で昼間《ひるま》に機械《きかい》の動《うご》く音《おと》がしていても、気《き》にする人《ひと》は多《おお》くないでしょう。罪《つみ》に問《と》われるときは、どんな場所《ばしょ》で、何時《なんじ》ごろ出《だ》された音《おと》で、近隣《きんりん》の人《ひと》にどのくらいえいきょうをあたえたか、が考慮《こうりょ》されます。

人《ひと》の声《こえ》

楽器《がっき》

テレビ、ラジオの音《おと》

犬《いぬ》のなき声《ごえ》

どんな音《おと》を騒音《そうおん》と感《かん》じるかは、人《ひと》それぞれ……。
音《おと》の大《おお》きさを指摘《してき》されたらすぐに対応《たいおう》するといいわ。

解説《かいせつ》は次《つぎ》のページ

巣《す》から落《お》ちているヒナをつかまえて、持《も》って帰《かえ》ると、鳥獣保護管理法《ちょうじゅうほごかんりほう》※違反《いはん》になる。

※鳥獣《ちょうじゅう》の保護及《ほごおよ》び管理並《かんりなら》びに狩猟《しゅりょう》の適正化《てきせいか》に関《かん》する法律《ほうりつ》

「鳥獣保護管理法《ちょうじゅうほごかんりほう》」では、勝手《かって》に野鳥《やちょう》をつかまえたり、いじめたり、飼《か》ったりすると、罪《つみ》になると決《き》められているよ。

野鳥《やちょう》は飼《か》ってはいけません

鳥《とり》を飼《か》っている人《ひと》がいますが、それらの多《おお》くは、ペットにするために育《そだ》てられた鳥《とり》たちです。一方《いっぽう》、外《そと》にいる、人《ひと》に飼《か》われていない鳥《とり》を「野鳥《やちょう》」といいます。人間《にんげん》が許可《きょか》なくつかまえてけがを負《お》わせたり、死《し》なせてしまったりすると罪《つみ》になります。飼《か》うことも法律《ほうりつ》で禁《きん》じられています。

わたしたちが暮《く》らす自然環境《しぜんかんきょう》の中《なか》には、野鳥《やちょう》をふくめ他《ほか》の動物《どうぶつ》たちも暮《く》らしています。それぞれが、自分《じぶん》たちの力《ちから》でエサを探《さが》して生《い》きていて、えいきょうをあたえ合《あ》うことで、この環境《かんきょう》が成《な》り立《た》っています。人間《にんげん》の勝手《かって》で野鳥《やちょう》たちの生活《せいかつ》を変《か》えてはいけません。それを考《かんが》えるための法律《ほうりつ》なのです。

野鳥《やちょう》のヒナが落《お》ちていたら？

時々《ときどき》、野鳥《やちょう》のヒナが、うまく飛《と》べずに地面《じめん》に落《お》ちていることがあります。かわいそうに感《かん》じるかもしれませんが、親鳥《おやどり》が近《ちか》くにかくれていることもあるので、近《ちか》づかずにそっとしておいてあげましょう。車《くるま》が通《とお》るなど危《あぶ》ない場所《ばしょ》のときだけ、近《ちか》くのしげみなどに移《うつ》してあげるとよいでしょう。

近《ちか》くで
わたしが
見守《みまも》ってるから
つれてかないで

生《い》き物《もの》を守《まも》ってあげたいと思《おも》う気持《きも》ちはとてもすてき。ただ、生《い》き物《もの》によって「自然《しぜん》な姿《すがた》」はちがうから、人間《にんげん》の価値観《かちかん》だけで考《かんが》えてはいけないの。

犯罪《はんざい》かもファイル
家《いえ》編《へん》
8

クレジットカードで課金《かきん》し放題《ほうだい》！

解説《かいせつ》は
次《つぎ》のページ

クレジットカードは、契約者《けいやくしゃ》ではない人《ひと》が使《つか》うと、詐欺罪《さぎざい》になる。

「刑法第《けいほうだい》246条第《じょうだい》1項《こう》」では、お金《かね》やものをだまし取《と》ると、罪《つみ》になると決《き》められているよ。

勝手《かって》に使《つか》ったら詐欺罪《さぎざい》

クレジットカードは、カードを契約《けいやく》した人《ひと》だけが使《つか》えるものなので、別人《べつじん》が契約者《けいやくしゃ》のふりをして使《つか》った場合《ばあい》、詐欺罪《さぎざい》に問《と》われます。ただし、家族《かぞく》のカードを別《べつ》の家族《かぞく》が使《つか》った場合《ばあい》は、詐欺罪《さぎざい》にはあたらないことがほとんどです。

しかし、罪《つみ》に問《と》われないからといって、スマホやタブレットに登録《とうろく》されているカードの情報《じょうほう》を、契約者《けいやくしゃ》である保護者《ほごしゃ》や家族《かぞく》に無断《むだん》で使《つか》うのは絶対《ぜったい》にやめましょう。とくに、子《こ》どもにも身近《みぢか》なオンラインゲームでは、ゲームをより楽《たの》しむために課金《かきん》が必要《ひつよう》なことがよくあります。課金《かきん》をする際《さい》のルールについて、家族《かぞく》でよく話《はな》し合《あ》って決《き》めておきましょう。

子《こ》どもが保護者《ほごしゃ》のカードを勝手《かって》に使《つか》ったら？

未成年《みせいねん》の子《こ》どもが、保護者《ほごしゃ》のクレジットカードを勝手《かって》に使《つか》って買《か》い物《もの》をすると、保護者《ほごしゃ》は代金《だいきん》を支《し》はらわなくてはなりません。保護者《ほごしゃ》には未成年《みせいねん》の子《こ》を監督《かんとく》する義務《ぎむ》があり、その子《こ》がしたことに対《たい》して責任《せきにん》があるからです。絶対《ぜったい》に保護者《ほごしゃ》の許可《きょか》なくクレジットカードを使《つか》ってはいけません。

保護者《ほごしゃ》のスマホを使《つか》った、
オンラインゲームの課金《かきん》トラブルが多《おお》いの。
中《なか》には100万円以上《まんえんいじょう》の高額《こうがく》な請求《せいきゅう》が来《き》た例《れい》もあるわ。

くわしく学《まな》ぼうゼミナール

全国《ぜんこく》には
個性豊《こせいゆた》かな
条例《じょうれい》がいっぱい！

日本《にほん》のびっくり条例大集合《じょうれいだいしゅうごう》

どの都道府県《とどうふけん》、どの市区町村《しくちょうそん》にも必《かなら》ず条例《じょうれい》があります。ポイ捨《す》て禁止《きんし》のように、住民《じゅうみん》から通勤《つうきん》・通学《つうがく》で来《く》る人《ひと》まで守《まも》らなければならない条例《じょうれい》もありますが、基本的《きほんてき》には住《す》んでいる人《ひと》にかぎった独自《どくじ》のルールです。おもしろい条例《じょうれい》をみてみましょう。

青森県《あおもりけん》 板柳町《いたやなぎまち》

りんご まるかじり条例《じょうれい》

まるかじりできるほど、安心《あんしん》・安全《あんぜん》なりんごをつくり、消費者《しょうひしゃ》にとどけましょうという条例《じょうれい》です。

北海道《ほっかいどう》 中標津町《なかしべつちょう》

牛乳消費拡大応援条例《ぎゅうにゅうしょうひかくだいおうえんじょうれい》

（通称《つうしょう》「牛乳《ぎゅうにゅう》で乾杯条例《かんぱいじょうれい》」）

中標津町《なかしべつちょう》は、乾杯《かんぱい》するときに、1ぱい目《め》は牛乳《ぎゅうにゅう》でしましょうとすすめています。中標津町《なかしべつちょう》の中心産業《ちゅうしんさんぎょう》である酪農《らくのう》にほこりを持《も》ち、たくさん牛乳《ぎゅうにゅう》をのんでもらうために定《さだ》められました。

秋田県《あきたけん》 横手市《よこてし》

雪《ゆき》となかよく暮《く》らす条例《じょうれい》

横手市《よこてし》は全国有数《ぜんこくゆうすう》の雪《ゆき》の多《おお》いまちです。雪《ゆき》を積極的《せっきょくてき》に受《う》け入《い》れ、「かまくら」などの伝統行事《でんとうぎょうじ》や、スポーツレクリエーションに参加《さんか》して、冬《ふゆ》を楽《たの》しむことをすすめる条例《じょうれい》です。除雪作業《じょせつさぎょう》は助《たす》け合《あ》い、雪《ゆき》を資源《しげん》とした事業《じぎょう》を考《かんが》えることも目的《もくてき》としています。

岩手県《いわてけん》 遠野市《とおのし》

わらすっこ条例《じょうれい》

「わらすっこ」とは子《こ》どもを意味《いみ》する岩手《いわて》の言葉《ことば》です。大事《だいじ》な子《こ》どもたちが健康《けんこう》で元気《げんき》に暮《く》らせるよう、地域《ちいき》で協力《きょうりょく》することを願《ねが》ってつくられました。

山形県《やまがたけん》 長井市《ながいし》

けん玉《だま》を市技《しぎ》に定《さだ》める条例《じょうれい》

けん玉《だま》の文化《ぶんか》を受《う》けつぎ、市民《しみん》の健康《けんこう》づくりやまちづくりにいかすために、けん玉《だま》を「市技《しぎ》」＝市《し》の技《わざ》と定《さだ》めた条例《じょうれい》です。けん玉《だま》を競技《きょうぎ》としても広《ひろ》め、イベントも行《おこな》われています。競技用《きょうぎよう》けん玉《だま》の生産《せいさん》もさかんです。

岡山県《おかやまけん》 備前市《びぜんし》

みんなで使《つか》おう備前焼条例《びぜんやきじょうれい》

備前市《びぜんし》を代表《だいひょう》する伝統工芸《でんとうこうげい》の備前焼《びぜんやき》を、みんなで使《つか》って伝統《でんとう》を守《まも》り、まちを元気《げんき》にしていくことを目指《めざ》す条例《じょうれい》です。備前焼《びぜんやき》は、食器《しょっき》だけでなく建築材料《けんちくざいりょう》やアクセサリーなどのさまざまな用途《ようと》で使《つか》われています。

新潟県《にいがたけん》 阿賀町《あがまち》

ごっつぉ条例《じょうれい》

「ごっつぉ」とは地元《じもと》の郷土《きょうど》料理《りょうり》や特産品《とくさんひん》のこと。ごっつぉを食《た》べたあとは、つくった人《ひと》に感謝《かんしゃ》の意味《いみ》をこめて、「ごっつぉさま」ということをすすめています。

大阪府《おおさかふ》 泉佐野市《いずみさのし》

ワタリガニの普及《ふきゅう》の促進《そくしん》に関《かん》する条例《じょうれい》

泉佐野市《いずみさのし》は大阪湾《おおさかわん》に面《めん》し、大阪府内《おおさかふない》で有数《ゆうすう》のワタリガニ漁獲量《ぎょかくりょう》をほこります。市民《しみん》が写真《しゃしん》をとるときには、それぞれが考《かんが》える「ワタリガニポーズ」をすることをすすめています。

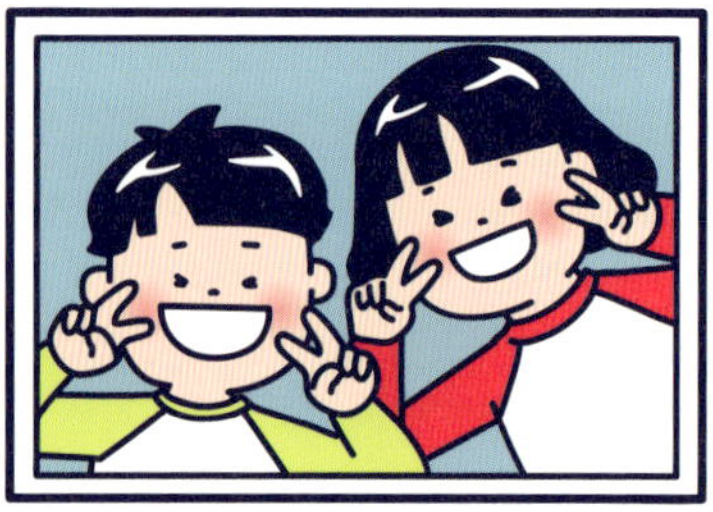

鹿児島県《かごしまけん》 志布志市《しぶしし》

子《こ》ほめ条例《じょうれい》

子《こ》どもの個性《こせい》や能力《のうりょく》を発見《はっけん》し、表彰《ひょうしょう》する条例《じょうれい》です。人《ひと》に親切《しんせつ》な行《おこな》いをしている子《こ》を表彰《ひょうしょう》する「親切賞《しんせつしょう》」や、友《とも》だちを大事《だいじ》にし、仲間《なかま》づくりにはげむ子《こ》を表彰《ひょうしょう》する「友情賞《ゆうじょうしょう》」などのユニークな賞《しょう》があります。

高知県《こうちけん》 須崎市《すさきし》

カワウソと共生《きょうせい》できるまちづくりのための環境基本条例《かんきょうきほんじょうれい》

須崎市《すさきし》は、今《いま》は絶滅《ぜつめつ》したとされているニホンカワウソが最後《さいご》に確認《かくにん》されたまちです。市民《しみん》が環境《かんきょう》を守《まも》ることを自覚《じかく》し、カワウソがいた豊《ゆた》かな自然《しぜん》を守《まも》り、未来《みらい》へ引《ひ》きついでいくための条例《じょうれい》です。

おもな参考文献

- 『小学生からのなんでも法律相談　4 巻　まちの中のいろいろな法律』
  （監修　小島洋祐、髙橋良祐、渡辺裕之 / 文研出版）
- 『ドラえもん社会ワールド special みんなのための法律入門 』
  （ まんが　藤子・F・不二雄、監修　藤子プロ、
  東京弁護士会 子どもの人権と少年法に関する特別委員会 / 小学館 ）
- 『軽犯罪法　新装第 2 版』（原著　伊藤榮樹、改訂　勝丸充啓 / 立花書房）
- 『イラスト・チャートでわかりやすい　擬律判断・軽犯罪法【第二版】』
  （著　須賀正行 / 東京法令出版）
- 『よくわかる刑法』（編著　井田良 、佐藤拓磨 / ミネルヴァ書房）
- 『いきもの六法　日本の自然を楽しみ、守るための法律』（監修　中島慶二、益子知樹 / 山と渓谷社）
- 『13 歳からの著作権　正しく使う・作る・発信するための「権利」とのつきあい方がわかる本 』
  （監修　久保田裕 / メイツユニバーサルコンテンツ）
- 『アウトドア六法　正しく自然を楽しみ、守るための法律』
  （監修　中島慶二、溝手康史、益子知樹、ベリーベスト法律事務所・上野園美 / 山と渓谷社）
- 『地域の特色がよくわかる！　47 都道府県おもしろ条例図鑑』（著　長嶺超輝 / 旬報社）

「拘禁刑《こうきんけい》」について

今《いま》まであった刑《けい》の懲役刑《ちょうえきけい》と禁錮刑《きんこけい》を拘禁刑《こうきんけい》に一本化《いっぽんか》する改正刑法《かいせいけいほう》が、2025 年《ねん》６月１日《がつついたち》から施行《しこう》されます。懲役刑《ちょうえきけい》も禁錮刑《きんこけい》も刑務所《けいむしょ》などに入《い》れられ、懲役《ちょうえき》の場合《ばあい》は、日々洋裁《ひびようさい》、印刷《いんさつ》、木工《もっこう》などの刑務作業《けいむさぎょう》を行《おこな》う義務《ぎむ》があり、禁錮《きんこ》の場合《ばあい》はその義務《ぎむ》がありませんでした。

拘禁刑《こうきんけい》も刑務所《けいむしょ》などに入《い》れられることは同《おな》じですが刑務作業《けいむさぎょう》を行《おこな》う義務《ぎむ》はありません。二度《にど》と犯罪《はんざい》を行《おこな》わないよう更生《こうせい》するために必要《ひつよう》な作業《さぎょう》を行《おこな》う、または必要《ひつよう》な学習《がくしゅう》、指導《しどう》が行《おこな》われることになりました。罰《ばつ》を受《う》けさせる面《めん》より罪《つみ》を犯《おか》した人《ひと》を更生《こうせい》させるという面《めん》が重視《じゅうし》されるようになっています。

監修　虎ノ門法律経済事務所　弁護士　小島 洋祐（こじま ようすけ）

開成高校・中央大学法学部法律学科卒業。2年間の最高裁判所司法研修所、司法修習生（22期）を経て、昭和45年に弁護士登録、東京弁護士会所属。東京弁護士会常議員、日弁連代議員。法務省、人権擁護委員を2期（6年）務め、その後、港区教育委員会教育委員を5期（18年、うち教育委員長5回）、都市計画審議会審議委員2期（6年）。港区社会福祉協議会理事、東京都後期高齢者医療広域連合の個人情報保護等審議会及び行政不服審査会の各委員等。

- キャライラスト　小豆 だるま
- 本文イラスト　小豆 だるま、藤本 けいこ
- 原稿執筆　永山 多恵子、菅 祐美子、青木 美登里
- デザイン　Kamigraph Design
- 校正　有限会社 ペーパーハウス
- 編集　株式会社 アルバ

- 写真提供・協力　中央大学、photoAC、中標津町農林課、秋田県、
有限会社 山形工房、岡山県観光連盟

それ犯《はん》罪《ざい》かもしれない図《ず》鑑《かん》

初 版 発 行　2024年12月
第4刷発行　2025年 7 月

監修／小島 洋祐

発行所／株式会社 金の星社
〒111-0056 東京都台東区小島1-4-3
電話／03-3861-1861（代表）
FAX／03-3861-1507
振替／00100-0-64678
ホームページ／https://www.kinnohoshi.co.jp

印刷／岩岡印刷 株式会社
製本／牧製本印刷 株式会社

128P.　24.7cm　NDC320　ISBN978-4-323-07216-6